이 정도만 알면 되는
세계사

이 정도만
알면 되는
세계사
김봉중 지음
고대부터 현대까지
20개 사건으로 읽는 인류의 역사

빅피시
BIG FISH

오늘의 세계를 만든
결정적 순간들

이 책을 준비하며 하나의 질문이 끈질기게 머릿속을 맴돌았다. '세계사를 안다는 건 과연 우리에게 무엇을 의미하는가.' 오늘날 역사는 언제든 호출할 수 있는 정보가 되었다. 특히 AI를 사용하면 수많은 자료를 찾아 헤맬 필요도 없이, 한두 번의 요청만으로도 원하는 역사적 사실에 대한 정보를 손쉽게 얻을 수 있다. 그러나 아이러니하게도, 역사가 이렇게 가까워질수록 우리는 오히려 역사에서 멀어진다.

단편적인 사건은 기억되지만 사건의 맥락은 잊히고, 역사 속 장면은 재창조되어 소비되지만 왜 그런 선택을 했는지는 주목하지 않는다. 그 시대의 사람들이 어떤 조건 속에서 갈등했고, 어떤 두려움과 계산 끝에 결정을 내렸는지를 차분히 되묻는 시간은 점점 줄어든다. 정보는 넘치지만, 이해는 깊어지지 않는다.

무엇을 기억해야 하는지 그리고 그 기억이 오늘의 우리에게 어떤 질문을 던지는지를 성찰하는 일은 여전히 필요하다. 바로 이것이 지금 세계사를 공부하는 진짜 이유라고 할 수 있다. 이 책은 그러한 문제의식에서 출발했다.

결국 역사를 이해한다는 것은 사실을 많이 아는 데서 끝나지 않는다. 중요한 것은 흩어진 사실들 사이의 연결 지점을 발견하고, 그 연결 위에서 스스로 질문을 만들어가는 일이다. 이 사유의 과정만큼은 어떤 기술도 대신할 수 없으며, 그 과정 속에서 비로소 역사는 살아 움직이기 시작한다.

지금 여기, 우리를 위한 세계사

그렇다면 우리는 방대한 세계사 중에서 도대체 무엇을, 얼마만큼, 왜 알아야 할까. 사실 현대인이 꼭 알아야 할 세계사는 생각보다 많지 않다. 중요한 것은 양이 아니라, 오늘날 우리 삶에 직접적인 영향을 미치고 있는 핵심적인 사건들을 제대로 이해하는 것이다.

《이 정도만 알면 되는 세계사》는 모든 것을 알려주는 역사서도, 연대와 사건을 끝없이 나열하는 세계사도 아니다. 이 책은 역사의 변곡점에서 거대한 흐름을 만들어낸, 고대에서 오늘에 이르기까지 현대를 살아가는 우리가 반드시 짚고 넘어가야 할 20개의 결정적 장면만을 선택했다. 수천 년의 역사 중에서도 지금 우리의 일상과 좀더 가까운, 우리의 선택에 더 밝은 등불이 되어줄 근현대에 초점을 맞춰 사건을 선정했다.

선정 기준은 분명했다. '이 사건은 오늘의 사회를 더 깊이 이해하게 해주는가.' 이 책에서 보여주는 역사적 사건들은 오늘날 우리가 뉴스에서 마주하는 국제 분쟁, 경제 위기, 민주주의 논쟁 등이 왜 일어나는지 그 뿌리를 이해하게 해준다. 세계사 속 정치적 선택들이 겹겹이 쌓여 오늘날의 민주주의로 이어졌고, 경제 구조의 변화는 우리의 일상과 생존 방식을 규정해왔다. 종교와 문화의 충돌, 제국과 약소국의 긴장은 결코 먼 나라 이야기가 아니다. 그 모든 흐름은 지금 이 사회 곳곳에 보이지 않는 결로 스며들어 있다.

민주주의와 경제, 문화의 영역에서 세계사적으로도 독특한 위치에 선 대한민국에게, 과거의 흐름을 읽는 일은 이제 교양이 아니라 생존의 조건이다. 이 책은 세계사를 단순히 '아는 지식'이 아니라, 현재를 해석하고 미래를 판단하기 위한 눈으로 되돌려놓고자 한다.

세계사는 정치, 경제, 문화가 뒤엉켜 흐르는 거대한 물줄기를 비추는 거울이다. 오늘날 우리가 맞닥뜨린 복잡한 문제들은 과거 다른 사회들이 비슷한 상황에서 어떤 선택을 했고 어떤 결과를 맞았는지를 살펴볼 때 비로소 해답의 실마리가 드러난다. 전쟁과 혁명 그리고 민주주의를 향한 수천 년의 험난한 여정 속에 쌓인 경험과 실패의 흔적은 불확실한 시대를 살아가는 우리에게 자신을 되돌아볼 거울이자 앞으로 나아갈 길을 짚어주는 명료한 나침반이 된다.

이 책에 담긴 20개의 사건은 각각 하나의 완결된 이야기이면서 동시에 하나의 흐름을 이룬다. 단편처럼 읽히지만, 책장을 덮는 순간 독자는 하나의 장편 서사를 지나온 자신을 발견하게 될 것이다. 세계사의 큰 줄기를 따라가며 '나는 지금 어디에 있고, 이 세계는 어디로 가고 있는지'를 다시 묻도록 만드는 것이 바로 이 책을 쓰는 내내 내가 끝까지 놓지 않은 단 하나의 목표였다.

역사가 나에게 가르쳐주는 것들

집필 내내 나는 '역사의 고리'라는 이미지를 붙들고 썼다. 내가 만든 표현이지만, 역사를 바라보는 나의 시선을 가장 정확하게 담아낸 말이기도 하다. 역사는 결코 같은 모습을 반복하지 않는다. 하지만 그렇다고 그것이 무작위적인 개별 사건들의 우연한 집합은 더더욱 아니다. 역사를 단순한 사건 목록으로만 읽는 순간, 우리는 과거로부터 배울 수 있는 가장 중요한 통찰을 놓치게 된다.

각 시대를 살아간 사람들은 저마다의 불안과 기대, 선택과 실패를 안고 살아왔다. 그 경험들은 사라지지 않고 다음 세대에게 영향을 미친다. 프랑스 혁명은 전 세계 민주주의 운동의 토대가 되었고, 대항해 시대는 세계 자본주의의 출발점이었으며, 대공황의 아픔에서 오늘날의 사회 안전망이 만들어졌듯이 말이다. 이렇게 한 시대의 선택은 다음 시대의 출발점이 되고, 그 결과는 또다시 새로운 선택을 낳는다. 마치 고리가 끊어지지 않고 이어지듯, 과거는 현재를 만들고 현재는 미래를 만든다. 이것이 바로 '역사의 고리'다.

시대정신은 단절된 점이 아니라, 서로 맞물린 고리처럼 과거와 현재를 잇고, 다시 미래로 이어지는 보이지 않는 축이 된다. 다양한 시대와 주제를 넘나들면서도 내가 이 책에서 끝까지 놓지 않으려 했던 것도 바로 이 관점이다. 나는 '역사의 고리'라는 시선이야말로 과거를 더 입체적으로, 더 깊이 이해하게 해주는 하나의 유효한 열쇠라고 믿었다. 그래서 사건을 나열하는 데서 멈추지 않고, 그 이면에 흐르는 맥락과 선택의 연쇄를 읽어내는 데 집중하고자 했다.

이 책을 읽다 보면 어떤 장면들이 반복해서 떠오르는 듯한 인상을 받을지도 모른다. 그러나 그 반복은 우연이 아니라, 역사가 지닌 구조적 무게에서 비롯된 것이다. 그 고리가 다시 모습을 드러낼 때마다, 그것이 우리에게 무엇을 말하고 있는지 함께 생각해주기를 바란다.

《이 정도만 알면 되는 세계사》가 세상에 나오기까지 이 여정에 함께해준 모든 분께 깊은 감사 인사를 전한다. 이 책은 결코 혼자 완성한 결과물이 아니라, 기획 초기부터 마지막 원고 교정에 이르기까지 수많은 손길과 마음이 겹겹이 쌓여 하나의 책으로 엮인

산물이다.

먼저 빅피시 출판사의 박지숙 이사님께 진심으로 감사드린다. 기획의 출발점에서부터 든든한 응원과 함께 필요할 때는 날카로운 채찍으로 방향을 바로잡아주셨다. 특히 대중의 시선을 놓치지 않도록 따뜻하면서도 예리한 안내자로 이 여정을 이끌어주신 덕분에, 이 책이 학문과 대중 사이에서 균형을 유지할 수 있었다.

우소연 편집자에게도 마음 깊은 감사를 전한다. 문장 하나, 단어 하나의 미세한 흔들림까지 놓치지 않는 세밀함과 동시에 책 전체의 흐름과 윤곽을 꿰뚫는 감각은 이 책을 한층 더 단단하고 세련되게 만들었다. 보이지 않는 곳에서 기울인 그 정성과 집중이 책 곳곳에 스며 있다.

마지막으로, 무엇보다 아내에게 깊은 감사를 드린다. 강연이 없는 날이면 온종일 키보드를 두드리며 원고에 파묻혀 있던 나에게, 불평 대신 조용한 응원과 따뜻한 시선으로 곁을 지켜주었다. 지치거나 흔들릴 때마다 묵묵히 다독여주었다. 특히 나의 능력을 나 자신보다 더 굳게 믿어주는 아내의 신뢰가, 이 책을 끝까지 써 내려갈 수 있게 한 가장 강력한 원동력이 되었다. 그 힘으로 긴 여정을 완주할 수 있었다.

2026년 3월
삼인산 아래에서
김봉중

세계사를 바꾼 결정적 순간들
● 핵심 사건   ○ 관련 사건

BC 336~BC 323
알렉산드로스 제국

BC 331
가우가멜라 전투

BC 27~AD 476
로마 제국

BC 146
포에니 전쟁 승리

1492
콜럼버스 신대륙 발견

1517
종교 개혁

17~18세기
계몽주의

1648
베스트팔렌 조약

1815
나폴레옹
워털루 전투 패배

1859
진화론

19세기 말
신제국주의

1914~1918
제1차 세계 대전

1945~1991
냉전

1950~1953
한국 전쟁

1968
68운동

1989
베를린 장벽 붕괴

5~15세기
중세 시대

14~16세기
르네상스

1543
지동설 발표

15~17세기
대항해 시대

1775~1799
시민 혁명

1793
루이 16세 처형

17~19세기 초
근대 국가

18세기 초~19세기 중
산업 혁명

1929~1939
대공황

1933~1938
뉴딜 정책

1939~1945
제2차 세계 대전

1941
진주만 공습

1991
소련 해체

20세기 말
탈냉전

2001
9·11 테러

21세기 초
신냉전

권력과 신앙이 지배한
제국의 시대

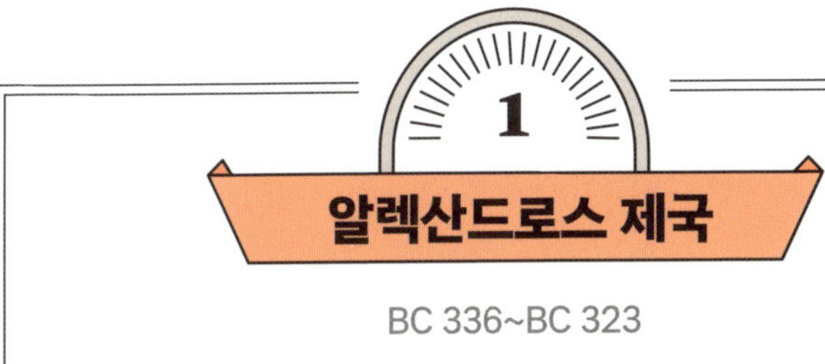

인류가 시도한
최초의 세계화

오늘날 우리는 세계화 시대에 살고 있다. 서로 다른 문화가 만나고, 국경을 넘어 사람과 상품이 이동한다. 그런데 이 세계화는 언제 시작되었을까? 그 시작점은 2,300년 전, 알렉산드로스 대왕이 세운 제국으로 거슬러 올라간다.

우리가 '고대'라 부르는 시기는 문명과 국가가 세상의 무대에 처음 모습을 드러내던 순간부터 중세라는 새로운 시대의 문턱까지 이어진 거대한 시간의 흐름이다. 약 기원전 3000년경, 인류가 처음으로 문자를 기록하기 시작한 그 순간부터 기원후 500년경 중세 초입에 이르기까지, 수많은 문화와 문명이 태어나고 숨 쉬던 시대였다. 고대 문명은 2개의 거대한 축을 중심으로 펼쳐졌다. 하나는 이집트, 메소포타미아, 인더스 문명을 아우르는 '고대 근동'이고, 다른 하나는 기원전 1100년 무렵부터 기원전 146년 로마에 굴복하기 전까지 찬란한 빛을 발했던 '고대 그리스'다.

근동의 땅에서는 인류가 정착해 농사를 짓고 공동체를 이루며 문명의 씨앗을 싹틔웠다. 그리스에서는 도시 국가 '폴리스'가 태동했고, 민주주의와 철학이라는 사상적 혁명이 일어났다. 이 모든 것이 오늘날 서양 정신과 제도의 뿌리가 되었다. 하지만 이 두 문명은 너무 다양하고 방대해서, 어느 하나만으로 고대를 온전히 설명하기란 불가능에 가깝다.

그런데 다행히도 이 복잡한 퍼즐을 잇는 한 인물이 있다. 기원전 356년, 마케도니아라는 작은 왕국에서 태어난 그는 그리스 세계를 넘어 동방에 이르기까지 거대한 제국을 세웠다. 바로 이름만으로도 전설이 된 알렉산드로스 대왕이다. 그는 고대 문명들의 흔적과 유산을 뒤섞어 새로운 역사의 장을 열었다. 그의 발자취를 따라가면 고대 세계의 다채로운 얼굴과 숨결을 엿볼 수 있다.

대제국에 맞선 작은 나라, 마케도니아

　　고대 마케도니아는 오늘날 그리스, 북마케도니아, 불가리아를 아우르는 땅이었지만, 역사 속에서는 늘 주목받지 못한 변방이었다. 그리스 남부의 펠로폰네소스반도와 유럽 대륙의 동남부에 위치한 발칸반도를 잇는 전략적 요충지임에도 불구하고, 마케도니아는 그리스 문명의 중심에서 멀리 떨어진 주변부로 여겨졌다. 기원전 499년, 이오니아 반란을 시작으로 그리스-페르시아 전쟁의 서막이 올랐을 때, 마케도니아는 페르시아 제국의 속국에 불과했다. 아테네와 스파르타가 주도하는 그리스 도시 국가들이 거대한 페르시아에 맞서 연합했을 때도, 마케도니아는 그저 그림자 속의 존재였다. 이는 알렉산드로스가 태어나기 한 세기 전의 일이었다.

　　그러나 페르시아의 지배는 오래가지 못했다. 그리스 동맹국들의 불굴의 저항 앞에 페르시아 군대는 결국 그리스에서 물러났다. 기원전 490년 마라톤 전투, 10년 뒤 테르모필레 전투와 살라미스 해전에서의 참패는 페르시아 제국이 유럽에서 힘을 잃기 시작했다는 신호탄이었다.

　　그리스-페르시아 전쟁이 끝난 뒤, 그리스 도시 국가들 사이에 쌓였던 긴장과 경쟁은 다시 불붙었다. 특히 아테네와 스파르타 사이의 오랜 갈등은 그리스의 힘을 갉아먹었고, 결국 정치적 공백이 생겨났다. 그 틈을 비집고 들어온 것이 바로 마케도니아 왕국이었다. 필리포스 2세의 강력한 리더십 아래, 마케도니아는 교묘한 외교와 냉철한 군사 전략으로 주변 국가들을 하나씩 조율하며 세력을 키워갔다. 흩어진 도시 국가들을 차례로 굴복시키고, 기원전 338년 마침내 그리스를 완전하게 통합했다. 마라톤에서 넘쳤던 용기, 테르모필레에서 불탔던 결의, 살라미스에서 타올랐던 불꽃이 마케도니아에서 다시 살아난 순간이었다. 마케도니아는 이제 그리스 문명과 운명을 함께하는 강력한 자존심으로 거듭났다. 그 역

알렉산드로스 대왕, 고대 로마 폼페이의 귀족 주택 바닥을 장식했던 모자이크의 일부, 기원전 약 100년.

사적 전환의 순간, 알렉산드로스는 아직 열여덟 살에 불과한 청년이었다.

그리스를 통합한 필리포스 2세의 시선은 자연스럽게 동쪽, 거대한 페르시아 제국으로 향했다. 신흥 강국 마케도니아와 지중해를 지배하는 페르시아의 대립은 필연적인 운명이었다.

페르시아 제국은 기원전 6세기부터 메소포타미아 문명을 거머쥐었다. 티그리스강과 유프라테스강 사이 비옥한 땅, 오늘날의 이라크 지역을 중심으로 세워진 이 문명은 페르시아 제국의 심장이었다. 페르시아는 끊임없이 팽창하며, 서쪽으로는 이집트, 동쪽으로는 인더스 문명의 중심지인 오늘날 파키스탄에 이르기까지 그 영향력을 뻗쳤다. 중국의 황하 문명과 남미의 마야 문명을 제외하면, 페르시아 제국은 고대 5대 문명 중 3개—이집트, 메소포타미아, 인더스—를 단일 제국 아래 두며 광활한 세계를 지배했다.

동서양 간 교류가 시작된
최초의 무대

필리포스 2세가 알렉산드로스 대왕에게 거는 기대는 남달랐다. 그는 아들이 단순한 왕자가 아닌, 전장의 지휘관이자 현명한 통치자로 성장하기를 바랐다. 어릴 적부터 무술과 전술

훈련에 매진하게 했고, 직접 전투 현장에 데려가 경험을 쌓게 하며 외교의 기술까지 익히도록 했다. 그뿐만 아니라, 그리스 최고의 철학과 사상을 배울 수 있도록 기회를 마련했다. 알렉산드로스의 스승은 플라톤의 제자이자 당대 최고의 철학자 아리스토텔레스였다. 그의 가르침 아래, 알렉산드로스는 지성과 덕성 그리고 강인한 체력을 두루 갖춘 완벽한 지도자로 닦여갔다.

기원전 336년, 스무 살의 알렉산드로스는 아버지 필리포스 2세가 암살당하는 충격적인 사건을 맞닥뜨린다. 왕좌를 계승한 그는 아버지의 정복 야망을 이어받아 지중해를 향한 거대한 힘을 키우기 시작했다. 그런 그가 마주한 것은 오랜 세월 그리스 도시 국가들을 위협하며 지중해를 지배해온 페르시아라는 거대한 제국이었고, 그 제국을 무너뜨리는 것이 바로 알렉산드로스 대왕의 운명이자 궁극의 목표였다.

지중해는 그리스인들의 삶과 문화 그리고 무역의 심장부였다. 그곳에서 자란 이들은 기후에 어울리는 밀과 올리브, 포도를 길러냈고, 올리브유와 와인 같은 명품을 빚어냈다. 이들은 지중해를 넘어 남유럽과 이집트로 활발히 상품을 수출하며, 바다를 오가는 사람들과 물건과 사상을 끊임없이 교류했다. 지중해는 그리스인들에게 새로운 세계로 향하는 관문이자 꿈의 무대였다.

사람들은 페르시아의 압도적 영향력 때문에 페르시아 제국과 인도 북부를 세계의 중심이라 믿었다. 광활한 제국은 후추, 계피,

생강 같은 향신료로 그리스인의 입맛을 사로잡았고, 드넓은 제국에서 얻을 수 있는 금과 은 같은 귀한 금속 자원은 주화 제작과 전쟁 자금, 군사 운영에 필수적이었다.

지중해를 무대로 한 무역과 사람들의 이동은 이 지역 문화의 뿌리를 깊게 내리게 했다. 하지만 그 속에서도 그리스와 페르시아 문명은 각각의 독특한 색을 잃지 않았다. 그리스는 정치적 독립과 개인주의를 중시하는 도시 국가 체제로, 민주주의와 개인의 자유를 꽃피웠다. 반면, 메소포타미아, 이집트, 페르시아 문명은 농경 중심의 공동체 가치를 중시하며 강력한 중앙집권 체제를 구축했다.

이처럼 사회적·문화적·정치적 차이는 분명했지만, 지중해를 통한 활발한 인적·물적·문화적 교류 덕분에 이 지역과 그 주변은 자연스럽고도 역동적인 혼합의 장이 되었다. 문화 교류는 순조롭게 이뤄졌고, 서로에 대한 반감이나 갈등은 드물었다. 그렇게 지중해는 서로 다른 세계를 잇는 다리가 되었다.

칼로 세운 제국, 세 대륙을 하나로 잇다

알렉산드로스 대왕은 왕좌에 오른 지 불과 2년 만인 기원전 334년에 페르시아 원정을 선언했다. 그는 페르시아

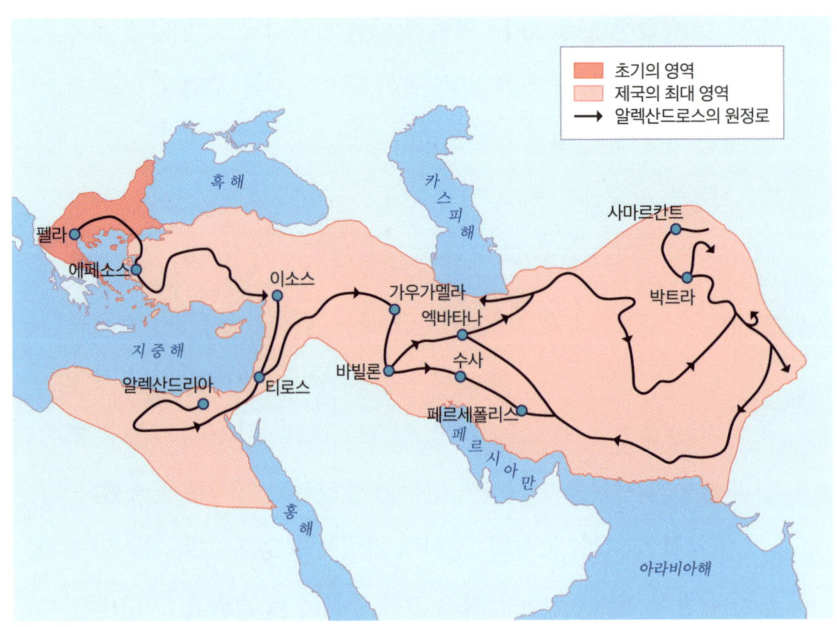

알렉산드로스 대왕이 이끈 마케도니아 왕국의 최대 영토

를 무너뜨리지 않고서는 그리스의 평화를 지킬 수 없다는 확신을 갖고 있었다. 알렉산드로스는 공격이 최고의 방어라 믿었다. 자유야말로 그리스 도시 국가가 가장 소중히 여기는 가치였고, 그 자유를 지키려면 전쟁의 불꽃 속으로 뛰어들 용기가 필요하다고 단호히 말했다. 원정을 앞두고 그는 이렇게 선언했다.

인류 역사는 끊임없는 전쟁의 연속이다. 전쟁은 두려움이지만, 그 두려움을 이겨내는 자만이 진정한 자유를 손에 넣는다.

그는 페르시아가 한때 마케도니아를 속국으로 만들었던 쓰라린 과거를 잊지 않았다. 자신이 새로운 지도자로 인정받기 위해, 복수의 깃발을 높이 들었다. 페르시아 원정은 단순한 군사 작전이 아니었다. 그것은 그리스 세계의 제왕으로서 자신을 세상에 알리고, 전 세계에 그리스 문명을 퍼뜨릴 기회였다. 알렉산드로스 대왕에게 페르시아 정복은 문명을 하나로 묶는 거대한 사명이었다.

수많은 전투를 거쳐 단련된 그의 군대는 페르시아군을 압도했다. 소아시아의 그라니쿠스강 가에서 시작된 승전보는 끊이지 않았다. 병사들의 사기는 하늘을 찔렀고, 그들은 두려움 없이 진격했다. 그리고 마침내 기원전 331년, 가우가멜라 전투에서 페르시아 왕 다리우스 3세를 결정적으로 물리쳤다. 영원할 줄 알았던 페르시아 제국은 무너졌고, 알렉산드로스라는 이름은 전설로 굳어졌다. 그는 여기서 멈추지 않았다. 남쪽으로는 이집트를, 동쪽으로는 인더스강까지 진격하며 유럽, 아시아, 아프리카 세 대륙에 걸친 거대한 제국을 세웠다. 인류 역사상 처음으로 서로 다른 대륙의 문명들이 하나의 제국 안에서 숨 쉬게 된 순간이었다.

하지만 그의 정복은 기원전 323년, 33세라는 젊은 나이에 갑작스러운 죽음으로 막을 내렸다. 광활한 제국을 손에 쥔 채 세상을 떠난 그의 죽음은 알렉산드로스 신화를 더욱 신비롭게 만들었다.

알렉산드로스 대왕은 정복지에서 단순한 군주의 자리를 넘어, 화합의 사자로 기억되었다. 수많은 문학과 신화 속에서 그리고 그리스뿐 아니라 이슬람과 이집트 문화에서도 신과 인간의 경계를 넘나드는 신화적 존재로 그려진다. 젊고 잘생기며 강인하고, 야망과 지혜, 학식을 겸비한 그는 끝없는 지식과 모험에 대한 갈증을 지닌 전사이자 왕, 때로는 연인의 모습으로까지 남았다. 이는 후대 이슬람 전통에서의 유대교와 기독교에 대한 부정적인 시선과 달리, 알렉산드로스가 남긴 문화 교류의 긍정적 유산이 얼마나 널리 퍼졌는지 보여준다.

국제결혼, 공용어 사용…
현대적인 다문화 도시의 탄생

알렉산드로스 대왕에 대한 신격화는 이집트의 심장부, 알렉산드리아에서 가장 선명하게 빛난다. 그가 이집트 땅을 밟았을 때, 현지인들은 그를 구원자처럼 맞이했다. 알렉산드로스는 이집트 신들과 고대 전통에 깊은 존경을 표하며, 분열된 제국을 하나로 묶으려 온 힘을 다했다. 기원전 331년, 그의 이름을 따서 세워진 알렉산드리아는 곧 국제주의의 상징으로서, 다양한 민족과 문화가 뒤엉킨 코스모폴리탄의 거대한 무대가 되었다. 당시 인구 백만에 달하는 세계 최대의 도시로 성장한 이곳은, 세계 7대 불가사의 중 하나인 알렉산드리아 등대와 고대 최대의 지식

창고인 알렉산드리아 도서관이 자리한 곳이었다. 그리스와 이집트의 지혜가 만나고, 수많은 학자가 밤낮을 가리지 않고 연구와 저술에 몰두한 지식의 성지였다.

짧지만 강렬했던 12년의 정복 기간 동안, 알렉산드로스 대왕은 알렉산드리아를 비롯한 수많은 도시를 세우며 이들을 현대적 의미의 다문화 도시로 키웠다. 그는 그리스어를 제국의 공용어로 정해 서로 다른 언어를 쓰는 민족들이 소통할 수 있게 했다. 각 정복지에서 마케도니아 군인과 원주민 간의 결혼을 장려했고, 자신

알렉산드리아 도서관, 고대 문헌과 발굴 자료를 바탕으로 그린 상상도

도 페르시아 왕실 공주들과 여러 차례 혼인해 동서양의 경계를 허물었다. 정치적 통합을 넘어, 문화와 민족을 아우르는 융합과 화합을 꿈꾼 그의 진심은 다음 말에 고스란히 담겨 있다.

> 칼로 얻은 것은 확실하지 않고 오래가지 못하지만,
> 친절과 절제로 얻은 사랑은 확실하고 영원하다.

알렉산드로스가 일으킨 동서 문화의 융합은 단순한 군사적 정복을 넘어 새로운 문화적 지평을 열었다. 이 시기는 고전 그리스 정신과 동방의 풍부한 문화가 어우러진 범세계적 문화 현상이 나타나기 시작한 때로, 19세기 역사학자 요한 구스타프 드로이젠이 '헬레니즘'이라 명명했다.

그러나 화려한 문화의 융합 뒤엔, 기원전 330년경 페르세폴리스 궁전을 불태운 폭력과 약탈의 어둠이 드리워져 있었다. 수천 년 동안 이어진 페르시아 왕권과 문화가 불길 속에서 무너져 내렸고, 수많은 사람의 삶의 뿌리가 산산조각 났다. 헬레니즘의 탄생은 찬란한 창조의 순간인 동시에 강제와 희생, 분노와 상처가 뒤엉킨 복합적 역사였다. 시간이 흐를수록 그 역사는 흐릿해졌고, 새로운 문화와 피정복민을 포용하는 그의 모습이 강조되었다. 하지만 알렉산드로스 대왕의 이야기는 단순한 승리 서사가 아니라, 인간의 욕망과 한계가 빚어낸 모순의 기록임을 결코 잊어서는 안 된다.

2,300년 전의 세계화가
가르쳐주는 것들

　　　　알렉산드로스는 헬레니즘 문화를 '창조'한 인물이라기보다, 이미 존재하던 동서 교류의 불길에 바람을 더한 '가교'였다. 그가 정복하기 전부터 지중해는 생명처럼 맥동하는 무역과 사상의 중심지였고, 문화는 끊임없이 부딪히며 섞였다. 그는 이미 존재하던 불길에 바람을 더한 셈일 뿐, 그 자체가 새로 태어난 불꽃은 아니었다. 알렉산드로스의 정복은 융합의 불꽃을 키운 촉매제였지만, 그 과정에서 치러야 했던 대가는 너무 컸다.

　　서구가 그를 '대왕'이라 부르는 데는 분명한 편향이 있다. 광대한 정복과 문화 확산의 이면에는 무수한 폭력과 파괴가 있었다. 페르세폴리스의 민간인 학살과 도시 파괴는 위대한 영웅상과는 거리가 멀다. 알렉산드로스 대왕이 세운 제국은 그의 죽음과 동시에 곧바로 분열되었고, 이는 그의 통치가 개인적 카리스마에 지나치게 의존한 불안정한 권력 구조 위에 서 있었음을 보여준다. 중앙집권적이고 체계적인 국가 운영보다는 정복자의 힘과 개인적 영향력에 크게 기대고 있었기 때문에 그의 사후에는 즉각적인 권력 공백과 내부 분열이 발생했다. 이런 점은 '대왕'이라는 칭호가 그 시대의 현실을 제대로 반영하지 못하고, 후대에 과장되고 미화된 이미지임을 시사한다.

알렉산드로스가 세계화의 선구자로 칭송받지만, 이처럼 그의 세계화는 군사 정복과 강제 통합이라는 강압 위에 세워졌다는 사실을 간과해서는 안 된다. 그 강압은 그의 죽음 이후 오히려 세상을 더 깊이 갈라놓았다. 특정 국가와 개인에 기대어 탄생한 고대 세계화의 어두운 그림자는 오늘날 다시 떠오르는 세계화에 묵직한 경고를 던진다.

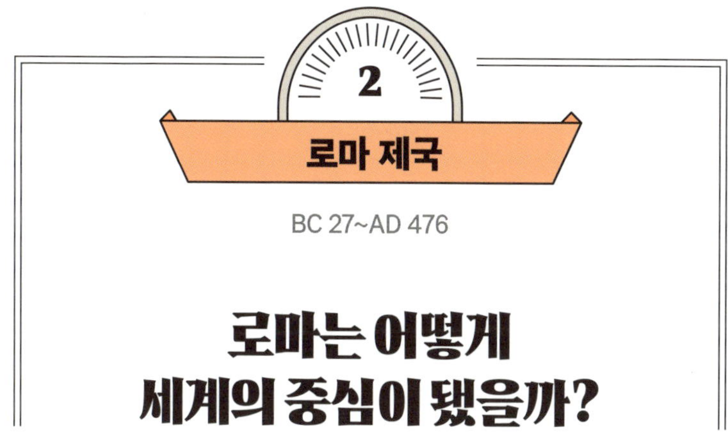

로마는 어떻게
세계의 중심이 됐을까?

알렉산드로스 대왕이 칼로 시작한 세계화는 그의 죽음과 함께 산산조각 났다. 하지만 그로부터 약 200년 뒤, 또 다른 제국이 등장해 세계를 다시 하나로 묶었다. 이번에는 칼뿐 아니라 도로와 법이라는 문명화된 도구를 이용했다. 바로 로마 제국이다.

"모든 길은 로마로 통한다"라는 이 한 문장은 고대 로마 제국의 규모와 정교함을 상징적으로 보여준다. 제국의 도로는 단순한 길이 아니었다. 그것은 수많은 민족과 문화, 경제와 군사력을 한데 연결하는 동맥과도 같았다. 로마는 제국의 중심을 넘어, 세계의 중심이었다.

로마 제국은 강력한 군사 전략과 정교한 동맹 체계로, 인류 역사상 가장 광대한 영역을 지배했다. 그 영토는 영국의 안개 낀 해안에서부터 북아프리카의 태양 아래 그리고 근동과 중동의 사막 끝까지 뻗어 있었다. 로마의 문턱을 밟는 것은 수많은 이들의 소망이었고, 속국에서 로마 시민권을 얻는 일은 인생 최고의 영광이었다.

로마 제국이 현대 문명에 미친 영향은 지대하다. 견제와 균형의 원칙에 기반한 공화정부터 헬레니즘 문화의 계승과 발전에 이르기까지 로마 제국은 정치, 사회, 법률, 언어 등 여러 분야에서 서구의 문화적 토대를 마련했다. 그래서 19세기 독일의 역사학자 레오폴트 폰 랑케는 이렇게 말했다.

로마 이전의 모든 역사는 로마로 흘러 들어갔고,
로마 이후의 역사는 로마로부터 흘러나왔다.

'지중해 주인'에서 '세계의 중심'으로

전설에 따르면, 로마는 기원전 753년 로물루스라는 인물에 의해 세워졌다. 그는 쌍둥이 형제 레무스와 함께 늑

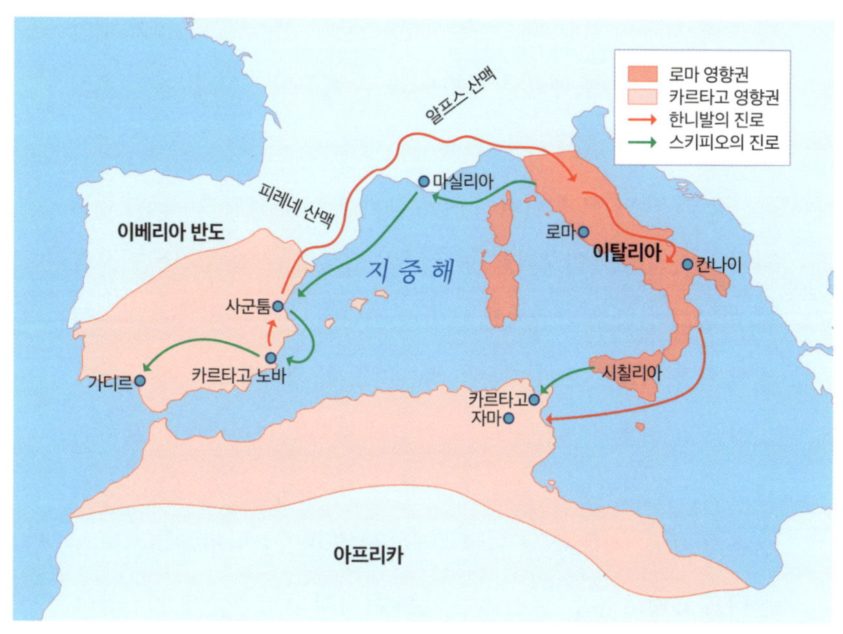

제2차 포에니 전쟁 당시(기원전 218년) 로마와 카르타고의 영토

대 젖을 먹으며 자랐고, 도시의 터전을 어디에 둘지를 두고 치열한 갈등 끝에 레무스를 죽이고 홀로 로마를 건국했다. 로마라는 나라의 이름도 그의 이름에서 따왔다.

로마는 서서히 주변 부족 및 도시들과 동맹을 맺으며 지중해를 향해 세력을 넓혀갔다. 기원전 323년, 마케도니아의 알렉산드로스 대왕이 갑작스럽게 세상을 떠나면서 그의 거대한 제국에 권력의 공백이 생겼고, 로마는 그 틈을 기민하게 파고들었다. 하지만 로마가 마주한 가장 강력한 경쟁자는 북아프리카의 카르타고였다. 기원전 3세기, 로마는 남쪽으로, 카르타고는 북아프리카 해안을 따라 북쪽으로 세력을 확장하며 두 제국의 운명을 건 대결이 시작되었다.

포에니 전쟁으로 알려진 이 충돌의 중심에는 카르타고의 한니발과 로마의 스키피오라는 두 장군이 있었다. 기원전 216년, 오늘날 이탈리아 남부 평원에서 벌어진 칸나에 전투에서 한니발은 탁월한 협공 전술로 로마 대군을 꺾으며 로마 정복을 눈앞에 두었다. 그러나 긴 전투와 끊긴 보급, 지원군의 부재는 한니발이 이끄는 카르타고군을 점차 흔들리게 했다. 반면, 스키피오는 로마 원로원과 민중의 지지를 바탕으로 동맹국과의 협력망을 견고히 구축하며 군사력을 재정비했다. 그 결과, 전세는 서서히 로마 쪽으로 기울었다.

기원전 146년, 스키피오가 이끄는 로마군이 카르타고를 완전히 정복했다. 마침내 포에니 전쟁은 로마의 승리로 막을 내렸다. 카르타고는 역사의 무대에서 사라졌고, 로마는 '지중해의 주인'을 넘어 '세계의 중심'으로 우뚝 섰다.

절대 권력을 꿈꾼 전쟁 영웅, 카이사르

지중해를 거머쥔 로마 제국은 속국을 빠르게 늘

리며 그 세력을 숨 가쁘게 확장했다. 하지만 영토가 넓어질수록 경제와 정치에 균열이 생기기 시작했다. 부를 독점한 귀족들은 올리브와 포도, 두 가지 최고 수익 작물을 중심으로 대농장을 키워나갔다. 반면, 생계를 위해 땅을 일구던 소농과 평범한 농민들은 경쟁에서 밀려 고통 속에 내몰렸다. 절박한 생활을 견디지 못한 농민들은 도시로 몰려들었고, 도시는 실업자와 빈민으로 넘쳐났다. 귀족과 평민 사이의 간극은 점점 더 벌어졌고, 사회의 균열은 깊어졌다.

더욱이 정복 전쟁에서 잡혀온 민간인과 군인들이 대거 노예로 전락하면서 노예 수가 폭증했다. 이는 로마 사회 전반을 불안정하게 만드는 요인이 되었다. 기원전 73년, 그런 불안은 스파르타쿠스가 이끈 노예 검투사 반란으로 폭발했다. 약 10만 명의 노예가 반란군에 가담해 이탈리아 전역을 휩쓸었지만, 결국 잔인하게 진압되었다. 스파르타쿠스는 전사했고, 살아남은 6,000명의 반란군은 로마로 이어지는 아피아 가도를 따라 십자가에 못 박혀 처형당했다.

스파르타쿠스 반란과 끊임없는 전쟁은 군사 지도자들의 권력을 키웠고, 반대로 원로원의 영향력은 줄어들었다. 군부가 정치 무대의 중심으로 떠오르며 권력 다툼이 끊이지 않았다. 기원전 1세기 중반, 친위대장들의 정치적 영향력이 커지면서 공화정의 기둥이 흔들리기 시작했다. 이때 등장한 인물이 율리우스 카이사르였

고대 로마 원로원에서 벌어진 카이사르 암살 장면을 그린 역사화

다. 기원전 58년부터 51년까지 벌어진 갈리아 전쟁에서 그는 지금의 프랑스와 벨기에 일대를 정복하며 이름을 떨쳤다. "겁쟁이는 천 번 죽어도 영웅은 한 번만 죽는다"는 카이사르의 말은 그를 영웅으로 만들었고, 대중의 열광적인 지지를 이끌어냈다. 그의 야망은 단순한 전쟁 영웅을 넘어 로마를 지배하는 절대 권력자로 향해 있었다.

기원전 50년 무렵, 갈리아 총독이었던 카이사르는 군대를 이끌고 로마로 진군했다. 정치 혼란을 바로잡는다는 명분이었다. 루비콘강을 건너며 내뱉은 "주사위는 던져졌다"라는 한마디는 돌이킬 수 없는 결정을 상징하며 오늘날까지도 혁명과 쿠데타의 대명사로 남아 있다. 카이사르가 권력을 잡자 그의 정적 폼페이우스는 이집트로 도망쳤으나 클레오파트라의 동생에게 암살당했고, 카이사르는 이집트로 건너가 클레오파트라와 동맹을 맺었다.

기원전 44년 2월 15일, 카이사르는 로마 제국의 종신 독재관으로 즉위해 마침내 자신의 꿈을 이뤘다. 종신 독재관이란 원로원의 승인 없이도 법을 만들고, 전쟁을 선포하며, 모든 관직을 임명할 수 있는 절대 권력자였다. 카이사르는 이제 로마의 유일한 지배자가 되었다. 500년 동안 이어진 공화정은 끝났고, 한 사람의 권력이 모든 것을 좌우하는 시대가 시작되었다.

하지만 한 달 뒤인 3월 15일, 원로원의 보수파가 계획한 암살로 그의 생은 비극적으로 막을 내렸다. 스물세 번이나 칼에 찔린 그는 양아들 같은 존재였던 브루투스마저 배신에 가담하자 마지막으로 "브루투스, 너까지!"라는 말을 남겼다. 이 순간은 지금도 배신의 상징으로 전 세계인의 기억 속에 깊이 새겨져 있다.

도로와 법이 만든
200년의 평화

　카이사르가 세상을 떠난 뒤, 로마는 또다시 후계자 문제로 내전에 빠졌다. 그 와중에 기원전 31년, 카이사르의 조카이자 양아들이었던 옥타비아누스가 악티움 해전에서 안토니우스와 클레오파트라가 이끄는 연합 함대를 격파하며 단번에 가장 강력한 지도자로 떠올랐다. 이 승리는 로마의 운명을 바꿔놓았다. 악티움에서의 결정적 승리로 옥타비아누스는 로마의 유일한 지배자로 군림하게 되었고, 기원전 27년에는 원로원으로부터 '아우구스투스'라는 칭호를 받으며 사실상 로마의 첫 황제로 등극했다.

　아우구스투스, 즉 '존엄한 자'라는 이름처럼 그는 로마 제국에 황제 통치의 시대를 본격적으로 열었다. 기원전 14년까지에 이르는 그의 치세 동안, 아우구스투스는 군대를 새롭게 정비하고 재정을 안정시키며 법률과 사회 제도를 개혁했다. 그의 손길 아래 로마는 오랜 전쟁의 상처를 치유하며 평화와 번영의 시대로 접어들었다. 이 시기는 '팍스 로마나 Pax Romana'라 불렸고, 약 200년간 이어진 로마의 황금기였다.

　팍스 로마나 시절, 로마 제국의 영토는 그야말로 광활했다. 이탈리아반도를 중심으로 스페인, 프랑스, 그리스, 지중해 연안 대부분, 브리튼섬의 일부, 히브리 땅에 해당하는 현재의 이스라엘과 요

팍스 로마나 시기의 영토

르단, 아라비아 북부, 중동 지역인 튀르키예와 시리아 그리고 북아 프리카의 이집트까지, 끝없이 뻗어나갔다. 이 거대한 영토는 지리 적 경계를 넘어 로마가 세계의 중심이었음을 증명했다.

로마의 황금시대는 무역, 정치, 법률, 건축, 공학, 예술 등 다방 면에서 지금까지 이어지는 깊은 영향력을 남겼다. 문명은 로마를 매개로 통합되었고, 오늘날 '글로벌화'라는 말로 표현할 수 있는 진정한 세계 연결의 기초가 마련되었다. "모든 길은 로마로 통한 다"는 말은 이 시대의 상징이 되었고, 로마가 건설한 도로망은 단순히 군대의 이동을 돕는 것에 그치지 않았다. 그것은 물자와 정보가 빠르고 효율적으로 흐르게 해 다양한 민족과 문화가 공존하는 복합적이면서도 단단히 결속된 제국을 만들어냈다.

박해받던 기독교는 어떻게 국교가 되었나

팍스 로마나를 가능하게 한 문화적 기반은 다문화주의, 다신교 그리고 관용이었다. 로마 제국은 헬레니즘의 영향을 받아 다양한 믿음과 관습을 포용하며, 광대한 영토와 다양한 민족을 아우르는, 다채로운 문화가 공존할 수 있는 토양을 마련했다.

그러나 이러한 질서에 균열을 일으키는 세력이 등장했다. 바로 1세기 무렵 로마 사회에 퍼지기 시작한 기독교였다. 기독교는 유일신 신앙을 내세워 황제 숭배를 포함한 기존의 종교 관습을 거부했다. 이는 다양한 신을 포용하는 관용 위에 세워진 로마 사회의 통합 원리와 정면으로 충돌하는 것이었다. 로마 정부는 기독교 공동체를 체제와 사회 질서를 위협하는 집단으로 인식했고, 이에 따라 제국 전역에서 기독교인에 대한 체계적 박해가 이어졌다.

그럼에도 불구하고 기독교의 확산은 멈추지 않았다. 오히려 박해가 심화될수록 신자의 수는 더욱 늘어났다. 끊임없는 전쟁과 정치적 불안 속에서 사람들은 "모든 인간은 신 앞에서 평등하다"는 기독교의 메시지에서 위로와 공동체 의식을 발견했다. 신분과 출신을 초월해 누구나 구원의 대상이 된다는 이 보편적 신념은 당시의 척박한 현실 속에서 강력한 흡인력이 되었고, 결국 기독교는 로마 사회 전반에 깊이 스며들기 시작했다.

결국 313년, 콘스탄티누스 대제가 밀라노 칙령을 발표하며 기독교를 공인했다. 380년에는 기독교가 로마 제국의 국교로 자리 잡았다. 이 순간은 종교 정책만의 변화가 아니었다. 이는 로마 제

성모자와 두 황제, 아야 소피아 성당 입구 모자이크. 성모자와 함께 유스티니아누스 대제(좌), 콘스탄티누스 대제(우)가 묘사되어 있다.

국의 오랜 다문화적 정체성에 큰 변화를 불러왔고, 제국의 몰락과도 맞닿아 있다. 강력한 유일신 신앙은 기존의 다신교와 관용이라는 문화적 다양성을 무너뜨렸고, 그 결과 제국의 통합은 점차 흔들리기 시작했다.

하지만 역설적이게도, 기독교는 혼란과 불안의 시기에 사람들에게 안정감과 소속감을 제공했다. 행정 체계가 무너질수록 주교와 사제가 지역 사회의 실질적 관리자 역할을 맡으며 새로운 질서를 세웠다. 교회는 단순한 종교 단체를 넘어 정치와 사회 전반에 깊숙이 자리 잡았고, 다가올 중세 시대에 교회의 권력이 뿌리내리는 토대가 되었다.

경제 위기로 시작된 제국의 몰락

팍스 로마나의 번영은 3세기 들어 서서히 흔들리기 시작했다. 로마 제국의 쇠퇴는 단번에 일어난 사건이 아니라, 복합적인 내부와 외부 요인이 맞물려 점진적으로 진행되었다.

내부적으로는 경제 위기가 결정타였다. 정복 전쟁으로 쌓아 올린 부와 자원에 기대어 번영을 누렸던 로마는 더 이상 새로운 영토를 개척하지 못하자 균열이 생겼다. 특히 정복지 감소로 노예 노동력이 줄면서 농업 생산량이 급감했고, 농산물 수출이 줄어 무역이 타격을 받았다. 거기다 막대한 군사비를 충당하려고 주화를 무분별하게 찍어내면서 화폐 가치는 폭락하고, 인플레이션이 심화되었다. 제국을 유지하기 위해 세금이 갈수록 늘어났고, 이는 곧 시민들의 거센 불만으로 이어졌다.

경제의 균열은 곧 정치적 혼란으로 번졌다. 황제가 하루가 멀다 하고 교체되었고, 암살과 쿠데타가 일상이 되었다. 395년부터 476년 사이에 황제가 20명 가까이 바뀌었는데, 대부분 군사 지도자이거나 외세의 힘을 빌려 자리 잡았다.

군 복무를 기피하는 로마 시민들 대신 외국인 용병이 군대의 주축이 되었고, 한때 자부심의 상징이던 로마 군단은 충성심 없는 용병들로 채워져 빛을 잃었다. 황금 독수리 깃발 아래 힘차게 행진하던 로마의 군대는 이제 이름에 불과했다.

이 혼란 속에서 동쪽과 서쪽 국경은 외부의 거센 압박을 받았다. 인도유럽어족의 일파인 게르만족은 본래 스칸디나비아반도와 독일 일대에서 시작해 남서쪽으로 이동하며 고트족, 반달족, 앵글로색슨족, 프랑크족 등으로 갈라졌다. 4세기 초 급격한 기후 변화로 농업 환경이 악화되자 이들은 새로운 터전을 찾아 남하했고, 로마의 국경을 위협하기 시작했다. 동쪽의 상황도 다르지 않았다. 동쪽에서는 흉노의 후예인 훈족이 당시 왕이었던 아틸라의 지휘 아래 동유럽을 휩쓸며 게르만족을 서쪽으로 밀어냈다.

378년, 훈족의 압박을 받던 동고트족은 아드리아노폴리스(오늘날 튀르키예의 에드리네) 전투에서 로마군을 참패시켰다. 410년에는 서고트족이 로마를 침공해 약탈했고, 455년에는 독일에서 시작해 이베리아반도와 아프리카 튀니지까지 진출한 반달족이 로마에 불을 지르고 약탈을 자행했다. 결국 476년, 게르만 용병 출신 장군 오도아케르가 서로마 제국을 정복하며 공식적으로 로마의 서쪽 제국은 막을 내렸다.

이것은 엄밀히 말해 서로마 제국의 멸망이었다. 이미 395년 로마 제국은 서로마와 동로마로 나뉘었고, 비잔틴 제국이라 불린 동로마 제국은 서로마 제국이 멸망한 뒤에도 1,000년 가까이 존속했다.

현대 사회의 근간이 된 로마의 유산들

로마 제국은 역사 속으로 사라졌지만, 그 유산은 지금도 세계 곳곳에 깊은 흔적을 남기고 있다. 공화정 시절 확립된 권력 간 견제와 균형의 원칙은 오늘날 민주주의 제도의 기둥이 되었고, 로마법은 '법 앞의 평등'이라는 개념을 최초로 명문화해 현대 법치주의의 토대를 놓았다. 고대 로마의 라틴어는 서양 문화와 사상의 근간이 되어 법률과 정치, 사회 제도의 발전에 지대한 영향을 끼쳤다.

판테온의 거대한 돔과 콜로세움의 아치 구조는 기술의 혁신이자 예술의 절정으로, 지금의 건축가들에게도 영감을 불어넣는다. 로마의 분수와 공공 광장은 단순한 공간을 넘어 시민의 삶을 풍요롭게 하는 도시 디자인의 원형으로 남아 있다.

로마 제국의 흥망성쇠는 시대와 국경을 넘어 모든 국가가 되새겨야 할 교훈이다. 어떻게 거대한 영토와 문명으로 우뚝 섰는지 그리고 왜 무너졌는지에 대한 이야기는 이후의 모든 제국이 새겨야 할 끝없는 경고이자 길잡이로 남아 있다.

'인간'이 지워진 1,000년의 시간

로마 제국이 무너지자 유럽은 다시 혼란에 빠졌다. 도로는 끊어지고, 법은 힘을 잃었다. 하지만 사람들은 또 다른 방식으로 질서를 찾았다. 칼도, 법도 아닌 신앙으로 말이다. 기독교가 유럽을 하나로 묶기 시작했다. 이것이 중세 시대의 시작이었다.

유럽의 중세 시대는 흔히 고대와 근대 사이에 끼인 '중간 시대'라는 이름 아래 축소되어왔다. 르네상스 이후 인문주의자들이 사용했던 라틴어 'medium aevum'에서 온 이 용어는 마치 중세가 특별할 것 없이 비어 있는 시간대에 불과하다는 인상을 준다. 그러나 5세기부터 15세기까지 이어진 이 1,000년의 역사는 결코 공백이 아니었다. 중세는 대략 500년 단위로 나누어 전기와 후기로 구분되며, 각 시기마다 뚜렷한 변화와 흐름을 품고 있다.

중세 전기는 5세기 말부터 10세기 말까지의 시기이며, 게르만족의 대이동 속에서 그리스와 로마의 찬란한 문명이 변모하고, 기독교가 유럽 전역에 확산되기 시작한 시기다. 이 시기, 새로운 신앙 공동체가 태동하며 세계의 지형이 바뀌었다. 중세 후기는 다시 두 갈래로 나뉘는데, 11세기부터 13세기까지의 중세 전성기는 교회와 성직자가 사회 전반을 장악하며 기독교가 절정의 위세를 떨친 시기였다. 그러나 14세기에서 15세기로 이어지는 중세 후기는 그 화려함 뒤의 균열이 드러난 때였다. 교회의 부패와 사회 부조리가 만천하에 폭로되면서, 종교 개혁의 싹이 움트고 근대의 문이 서서히 열렸다.

중세는 흔히 '암흑기'로 낙인찍힌다. 봉건제라는 엄격한 위계질서 아래 성직자, 영주, 기사, 농민, 농노가 각자의 역할에 묶여 있었고, 인간의 존엄이나 자유는 빛을 보기 어려웠다. 이 때문에 중세는 개인의 권리와 평등이 묵살된 암울한 시대로 기억된다.

하지만 과연 중세가 그토록 단순한 '암흑기'였을까. '중간 시대'라는 이름에 가려진 그 1,000년은 빛과 어둠이 뒤엉킨 복합적인 시간이었다. 한 시대를 단편적인 시선으로만 재단하는 것은 그 깊이와 다양성을 놓치는 일일 것이다. 중세는 그 자체로 살아 숨 쉬는 역사의 한 페이지였고, 근대의 토대가 된 거대한 변곡점이었다.

신앙이
유럽을 하나로 묶다

　　로마 제국이 무너진 후, 수많은 민족이 옛 제국의 땅 위로 흩어졌다. 그들은 자신들만의 왕국을 세우고, 스스로 왕이라 칭하며 새로운 시대의 문을 열었다. 500년대 유럽은 그렇게 여러 개의 작은 왕국으로 조각났다. 앵글족과 색슨족은 오늘날 영국 땅에 앵글로색슨 왕국을, 프랑크족은 현재의 프랑스에 프랑크 왕국을, 롬바르드족은 이탈리아에 롬바르드 왕국을 세웠다. 이 다양한 왕국의 탄생이 중세의 시작을 알렸다.

　　중세 초기에는 북유럽의 많은 왕국이 기독교를 받아들이지 않았다. 기독교는 이탈리아와 스페인처럼 로마 제국의 일부였던 곳에서만 뿌리를 내렸다. 하지만 시간이 지나면서 기독교는 서서히 북쪽으로 퍼져나갔다. 교황이 파송한 선교사들과 수도사들은 영국을 시작으로, 아일랜드, 프랑스 그리고 북유럽을 기독교화했다. 특히, 프랑크족이 기독교를 받아들인 것은 유럽 전역에 기독교가 확산되는 데 중요한 역할을 했다.

　　지금의 프랑스와 벨기에를 포함한 갈리아 지역을 지배한 프랑크족은 클로비스라는 강력한 통치자에 의해 5세기 후반 기독교로 개종했다. 클로비스 왕은 기독교를 통해 프랑크 왕국의 정치적 정체성을 확립했고, 주변 지역에 대한 정복과 동맹을 통해서 기독교

로마 제국 해체 후(500년) 유럽 지도

에 근거한 정치적·사회적 구조를 강화했다.

클로비스의 후계자들은 기독교에 대한 헌신을 이어가며 왕국을 강화했고, 로마 가톨릭교회와의 긴밀한 연대로 막강한 제국을 건설했다. 8세기 후반에는 샤를마뉴라는 강력한 왕이 등장해 지금의 독일, 오스트리아, 이탈리아, 스페인 북부까지 영토를 확장했다. 800년 크리스마스, 그는 교황 레오 3세에 의해 황제로 즉위하며 교회와 국가의 결합을 상징적으로 보여줬다. 이 결합은 프랑크 왕국의 정체성과 문화에 큰 영향을 주었고, 이후 유럽 대륙의 통일을 향한 첫걸음이 되었다.

유럽 대륙에 기독교가 급속히 퍼진 배경에는 로마 제국 쇠퇴와 그로 인한 정치적·사회적 혼란이 자리했다. 앞서 살펴본 것처럼 로마 제국은 다양한 민족과 문화가 공존하는 다문화 사회였으며, 각 지역에 오랜 전통의 토속 신앙이 존재했다. 평화로운 시기에는 이 문화들이 존중받았으나, 혼란의 시기에는 극심한 분열과 무질서가 찾아왔다. 사람들은 질서와 안정을 갈망했고, 기독교는 바로 그 갈증을 해소하는 통합의 도구로 작용했다.

중세 교회는 라틴어로 '전체' 또는 '보편적'이라는 뜻의 '가톨릭'교회라 불리며, 전 세계 신자를 아우르는 보편적 기독교 공동체를 목표로 삼았다. 단순한 종교 기관을 넘어 정치, 경제, 문화 전반에 깊게 뿌리내린 로마 가톨릭교회는 중세 시대의 중심이었다. 그 시대는 믿음이 제도와 질서를 지배하는 시대였다. 다음과 같은 프랑크 왕국의 기사단 모집 공고의 문구는 이러한 현실을 생생하게 보여준다.

기사단에 들어오고자 하는 자는 새로운 삶을 살아야 한다.

경건히 기도하고, 군사적 의무를 다하며, 죄와 교만과 악행을 멀리하고, 교회를 굳건히 수호해야 한다.

왕, 귀족, 농민···
신분으로 나뉜 세상

샤를마뉴가 서유럽 대부분을 통일하며 강력한 제국을 세웠지만, 그의 죽음 이후 제국은 분열했고 중앙집권적 통치는 점차 약화되었다. 북쪽에서는 바이킹과 색슨족, 동쪽에서는 마자르족, 남쪽에서는 무어족의 끊임없는 침략이 이어졌다. 왕의 보호에 자신들의 안전을 기대기 어려워진 귀족들은 스스로 영토를 지켜야 했고, 그 결과 귀족들의 권력은 더욱 커져 일부는 왕 못지않은 힘을 갖게 되었다. 이들은 각자의 영역을 독자적으로 통치하며 군사적·정치적 지배력을 강화했고, 그렇게 중세를 대표하는 봉건제가 자리 잡았다.

중세 봉건 제도의 핵심은 왕과 영주 그리고 영주와 신하 간에 맺어진 상호 보호와 충성의 관계였다. 왕은 귀족에게 충성의 대가로 토지를 하사했고, 귀족은 영주가 되어 기사를 고용해 군사적 지원을 받으며 영토를 관리했다. 영주와 기사의 관계는 복잡하면서도 다양했지만, 일반적으로 봉건제라는 틀 안에서 서로 보완적인 역할을 했다. 기사는 토지를 받는 대신 영주의 가신으로 복무하며, 계약에 따라 전투와 기타 임무에서 영주를 도왔다. 이러한 주종 관계는 중세 사회의 정치적·경제적 기반을 이루었으며, 각 계층의 권리와 책임을 명확히 구분했다.

영주가 소유한 영지 내에서 토지를 경작하는 이들은 대부분 농민이나 농노였다. 농민은 보통 영주에게 토지를 임대받아 농사를 짓고, 생산물의 일정 부분을 토지를 사용한 대가로 지불하는 소농이었다. 반면 농노는 아무런 보상 없이 영주의 땅에서 일해야 했고, 영주의 허락 없이는 마을이나 영지를 떠날 수 없었다. 봉건제 아래 농민과 농노 모두 영지 내 농작물 경작을 담당하며 영주의 경제적 기반을 지탱했고, 영주는 그들의 생계와 안전을 책임졌다.

엄격한 계급 구조가 지배한 봉건 사회에서 교회는 압도적인 영향력을 행사했다. 기독교의 권위가 커지면서 그에 따라 교황은 세속 군주를 넘어서는 힘을 갖게 되었고, 군주들 또한 교황의 승인과 지원을 통해 자신들의 정치적 기반을 강화했다.

중세 사회는 성직자, 귀족, 농민으로 나뉜 뚜렷한 신분제로 이루어져 있었다. 오늘날의 관점에서는 뚜렷한 불평등으로 보이지만, 당시 사람들은 평등보다 질서와 안정이 더 중요하다고 여겼다. 신앙이 사회의 중심이었던 시대였기에, 각자의 신분에 맞는 의무를 다하는 것이 자연스럽고 당연한 삶의 방식으로 받아들여졌다.

신의 이름으로 벌인 200년의 전쟁

중세 초기, 기독교는 사회의 질서와 안정을 지키는 데 필수적인 역할을 했다. 하지만 시간이 흐르면서 왕과 영지를 하사받아 통치하는 제후들 사이의 권력 다툼과 영토 분쟁, 전쟁이 잦아지자 교회의 영향력은 점차 약해졌다. 로마 교황청은 세속 권력과 복잡한 관계를 맺고 있었지만, 갈등을 해결하는 데 한계를 보였고, 때로는 갈등을 부추기기도 했다. 교회는 이전의 위상을 회복하고 사회 통합을 다시 이루기 위한 기회를 찾기 시작했는데, 11세기 후반에 그 기회가 찾아왔다. 바로 십자군 전쟁이었다.

11세기 당시 중앙아시아의 유목민인 셀주크튀르크족, 우리가 '돌궐'로 알고 있는 이들은 이슬람 세계 대부분을 지배했다. 일부 튀르크족은 동로마 제국의 아나톨리아 지역으로 이동해 주요 기독교 도시들을 점령했다. 1054년, 동방 교회(훗날 그리스 정교)와 서방 교회(가톨릭교)로 분열된 유럽은 튀르크족의 침략에 크게 관심을 두지 않았다. 하지만 계속된 튀르크족의 공격에 동로마 제국의 황제 알렉시우스 1세는 서방 교회에 도움을 요청했고, 교황 우르바누스 2세는 원정을 선포했다. 교황에게 이 원정은 분열된 교회를 통합하고, 권위에 도전하는 왕과 영주들을 자신의 지배 아래 둘 수 있는 절호의 기회였다.

제1차 십자군이 예루살렘을 점령한 장면을 그린 중세 후기 삽화

또한, 교황이 십자군 원정을 결정한 이유 중 하나는 예루살렘을 튀르크족으로부터 탈환하기 위해서였다. 예루살렘은 기독교 신앙에서 성스러운 도시로 여겨졌고, 오랫동안 많은 기독교인의 순례지였다. 예루살렘이 튀르크족에게 함락되자 순례자들의 불안과 불만은 커졌고, 교황은 이 원정을 통해 예루살렘을 되찾아 교회의 권위를 높이고 기독교 공동체를 결속하는 기회로 삼고자 했다.

교황의 부름에 유럽 전역의 기독교인들이 결집했다. 종교적 열정에 힘입어 제1차 십자군은 예루살렘을 탈환(1099년)하는 데 성공했다. 그러나 십자군은 도시 내 무슬림과 유대인 남녀노소를 가리지 않고 무차별 학살했고, 지중해 동해안을 따라 4개의 십자군 국가를 세웠다. 십자군이 본국으로 귀환하자 무슬림들은 반격에 나섰고 결국 예루살렘을 다시 탈환했다. 이후 약 200년 동안 성지 회복을 위한 십자군 원정이 여섯 차례 더 이어졌다.

시간이 흐르면서 초기의 종교적 열정은 시들고 세속적 욕망이 자리 잡았다. 영주와 기사들은 영토 확장에, 상인들은 무역로 확대에, 농민들은 더 큰 신분 자유를 추구했다. 원정을 시작할 때의 바람과 달리 교황의 권위는 약화됐고, 교회와 동로마 제국 간의 균열도 깊어졌다. 결국 십자군 전쟁은 7차 원정을 마지막으로 원래의 목적, 즉 셀주크튀르크에 점령된 동로마 제국의 영토를 회복하고 예루살렘을 탈환하여 기독교의 통치 아래 두려던 목표를 이루지 못한 채 막을 내렸다.

십자군 전쟁은 중세 유럽에 큰 변화를 가져왔다. 베네치아, 제노바, 피사 같은 이탈리아 주요 항구 도시는 십자군 원정의 거점이 되면서 급성장했다. 이 도시들의 상인들은 금전 대출과 무역 금융에 뛰어들어 외환 업무와 비슷한 혁신적 금융 거래를 도입하며 초기 자본주의 기반을 닦았다. 종교적 이유로 시작된 십자군 전쟁이 결국 세속적 가치에 뿌리를 둔 근대의 문을 열었다는 점은 역사의 아이러니라 할 만하다.

중세는 정말 암흑기였을까?

중세 시대는 오랫동안 암흑기로 여겨졌다. 봉건 사회의 엄격한 신분제 아래 개인의 능력과 평등이 보장되지 않았기 때문이다. 이런 사회 구조는 지배층과 피지배층 사이에 큰 격차를 만들었고, 개인의 자유와 선택도 상당히 제한했다. 더불어 교회의 절대적인 영향력으로 사람들은 교회가 가르치는 것 이상의 생각을 하기 어려웠다. 중세는 정치적·사회적·종교적 억압이 자리 잡아 인간의 자유와 개인 능력이 존중받지 못한 시기로 인식됐다.

하지만 이런 시각은 주로 후대의 역사적 평가에 기반한 것이다. 현대 담론에서 '봉건적 사고방식'은 낡고 바람직하지 않은 태도를 뜻하며, 이는 중세 봉건주의에 대한 부정적 인식에 영향을 줬다. 극심한 계급 사회였다는 점이 특히 부정적으로 평가되고는 하는데, 당시 중세 유럽 인구의 90%를 차지했던 농민과 농노에겐 '계급주의'라는 개념 자체가 생소했다. 그들의 불만은 교회나 영주, 기사 같은 지배 계층의 무능과 잦은 전쟁으로 자신들의 삶이 피폐해진 데 그쳤다. 그들은 영지 내에서 질서 있고 평화로운 생활만 유지될 수 있으면 만족했다.

중세는 또한 교육과 학문이 교회와 수도원을 중심으로 이뤄지며, 고전 문헌의 번역과 연구가 활발했던 시기이기도 하다. 특히 중세 대학의 발전은 유럽 전역에 교육과 학문의 새 장을 열었다. 이 대학들은 고대 그리스와 로마의 지식을 계승하는 데 머무르지 않고, 독자적인 학문 체계를 구축했다. 철학, 신학, 법학, 의학 등 다양한 분야를 다루며 탐구의 중심지 역할을 했고, 이러한 교육 시스템은 오늘날 고등 교육의 기초가 됐다. 그런 점에서 중세를 단순히 암흑기로만 보는 시각은 당시 사람들의 노력과 성과를 제대로 보지 못하는 것이다.

선이나 악 모두 영원히 지속될 수 없으므로,
악이 오래 지속되었으니 이제 선이 가까이 와야 한다.

이는 1605년 출간된 세르반테스의 《돈키호테》에 나오는 주인

공의 말이다. 이 작품은 기사도의 환상 속에 빠져 모험을 떠나는 어설픈 중세 기사의 이야기를 통해 당시의 비현실적인 가치관을 풍자한다. 이 구절은 선과 악이 순환한다는 점을 강조하며, 오랫동안 악이 지배했으니 이제 선이 올 것이라는 희망을 전한다. 이는

《돈키호테》 1부 초판본의 속표지

중세를 억압과 불평등한 계급 사회로 규정해온 후대 역사가들의 관점과 맞닿아 있다.

　어느 시대에나 긍정과 부정의 측면이 공존하듯, 중세도 예외가 아니다. 중세가 부정적 요소로 더 많이 기억되는 것은 사실이며, 기독교가 사회 전반에 절대적 영향력을 행사한 점도 분명하다. 교회 내 부패가 심화되면서 대중의 불신이 커졌지만, 교회는 로마 제국 말기의 혼란을 극복하고 유럽 사회에 질서와 안정을 세우는 데 중요한 역할을 했다.

　역사는 혼돈과 질서의 경계에서 끊임없이 흔들려왔다. 중세가 흔히 암흑기로 낙인찍히지만, 질서와 안정을 향한 인간의 갈망은 시대를 뛰어넘어 되풀이된 주제다. 고대와 근대 사이, 불분명한 경계에 자리한 중세는 더 넓은 역사적 맥락 속에서 결코 과소평가되어서는 안 될 시기다.

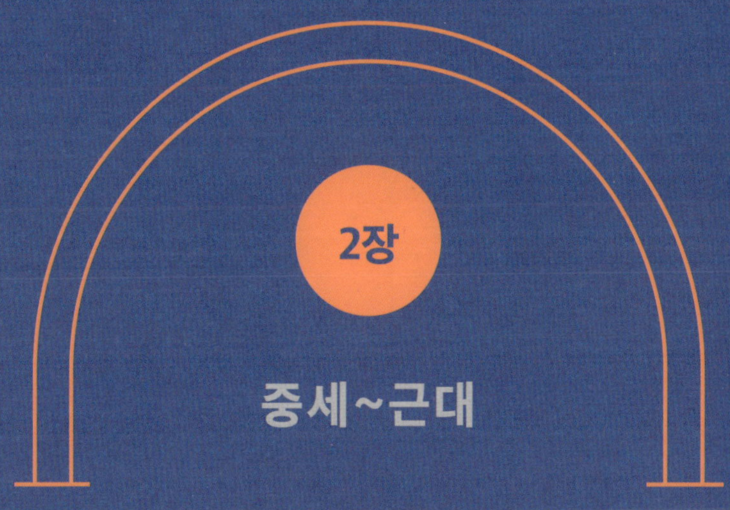

각성과 저항이 시작된
혁명의 시대

신의 자리를 차지한 인간의 이성

1,000년간 이어진 신의 시대에 균열이 일어나기 시작했다. 신성한 신의 대리자인 교회는 날로 부패하고 세속화되었다. 사람들은 이제 신이 아닌 자기 자신, 즉 인간을 돌아보기 시작했다. 르네상스는 이렇게 시작되었다.

르네상스는 14세기 이탈리아에서 시작된 문화적·지적 대반전이 일어난 시기였다. '재생'이라는 말 그대로, 잊힌 고대 그리스와 로마의 유산이 다시 빛을 되찾는 순간이었다. 그러나 이는 과거의 되풀이가 아니라, 새로운 창조와 혁신을 여는 출발점이었다. 신 중심의 세계관을 넘어 인간과 인간성에 대한 탐구, 즉 인문주의가 중심에 섰고, 예술, 과학, 철학 등 각 분야에서 기존의 경계를 무너뜨리며 세계를 바라보는 방식을 완전히 새롭게 바꾸었다.

역사라는 긴 흐름 속에서 르네상스는 갈림길과도 같은 순간이었다. 만약 인류 역사를 크게 두 시대로 나눈다면, 그 경계선은 르네상스 이전과 이후로 나뉠 것이다. 이때부터 서양은 동양을 넘어서기 시작했고, 과학과 기술, 예술 전반에 걸친 눈부신 진보는 현대적 세계관과 가치관의 초석을 다졌다. 르네상스는 단순한 변화가 아니라, 세계의 근본적인 변혁을 예고한 역사적 전환점이었다.

그러나 르네상스가 왜, 어떻게 일어났는가에 대한 해답은 아직도 수수께끼로 남아 있다. 사회·경제·정치 구조의 변화가 그 토대를 마련한 것은 사실이지만, 결정적인 힘은 그 시대를 살았던 개인들의 자각과 열망이었다.

중세는 교회 중심의 질서가 1,000년 가까이 이어진 신앙의 시대였고, 흔히 암흑기라 불리지만 실제로는 변화의 싹이 서서히 움트고 있던 시기였다. 그렇다면 중세 기독교의 굳건한 세계관은 어떻게 균열이 가기 시작했는가? 그리고 그 균열 속에서 르네상스는 어떤 불씨가 되어 새로운 시대를 열었는가? 바로 이 질문이 르네상스의 본질을 이해하는 출발점이다.

신앙에 도전한 과학

      1473년, 수학자이자 천문학자인 니콜라우스 코페르니쿠스가 세상에 태어났을 때, 유럽은 중세의 그림자가 짙게 드리워져 있었다. 가톨릭교회가 삶의 중심을 장악했고, 우주는 교회의 가르침 아래 완벽하고 흔들림 없는 질서로 이해되었다. 그러나 코페르니쿠스가 열아홉 살이던 1492년, 크리스토퍼 콜럼버스가 신대륙을 발견하며 세계의 경계가 무너지기 시작했고, 마흔네 살 때는 마르틴 루터가 촉발한 종교 개혁이 1,000년간 유지되던 유럽의 종교적 통합을 산산조각 냈다.

      폴란드 크라쿠프에서 태어난 코페르니쿠스는 그곳 대학에서 수학과 천문학을 공부했다. 주교였던 삼촌의 후원으로 그는 이탈리아 볼로냐 대학에서 신학과 교회법을 익히며 중세 학자의 길을 밟았다. 모든 것이 안정적이고 변하지 않을 것 같던 그 시절, 그는 전통적인 천동설, 즉 지구가 우주의 중심이라는 믿음에 점차 의문을 품기 시작했다.

      '과연 천동설이 우주의 신비를 제대로 설명하는가?' 이 질문은 그로 하여금 직접 하늘을 올려다보게 만들었다. 코페르니쿠스는 자신만의 관측과 계산으로 천체의 움직임을 추적했고, 중세 철학과 신학에 얽매이지 않은 채 고대 그리스의 아리스타르코스 같은 선구자들의 사상을 다시 들여다보기 시작했다. 그의 연구는 교회의 권위에 도전하기 위한 무기가 아니라, 신이 창조한 우주의 질서를 더 정확히 이해하려는 진지한 탐구였다.

그리고 마침내 1543년, 코페르니쿠스는 자신의 저서《천구의 회전에 관하여》에서 혁명적인 모델을 내놓았다. 지구를 포함한 여러 행성이 태양을 중심으로 공전한다는 지동설이었다. 이 작은 의문에서 시작된 과학적 탐구는 1,000년 동안 굳건했던 중세 우주관을 산산조각 냈다.

과학과 신앙은 본질적으로 충돌하는 두 세계다. 절대적 진리로서의 믿음과 경험과 실험을 통해 진리를 찾아가는 과학적 방법은 서로 양립하기 어려웠다. 코페르니쿠스의 지동설은 그저 단순한 천문학적 이론이 아니었다. 이 이론은 신 중심적 세계관을 해체하고

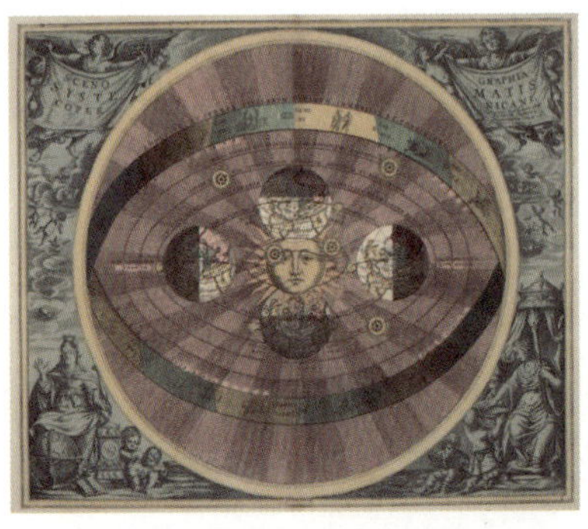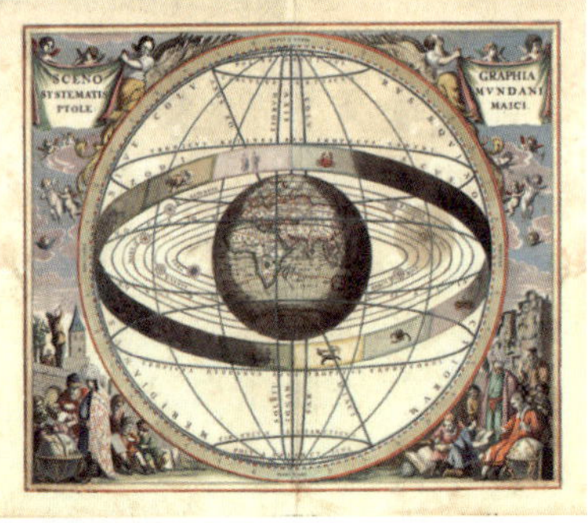

지동설(좌)과 천동설(우)을 묘사한 그림.
우주의 중심이 바뀌면서 인간이 세계를 바라보는 관점도 달라졌다.

인간 존재에 대한 새로운 종교적·철학적 논쟁의 불씨를 댕겼다. 천동설이 쇠퇴한 이유는 교회의 가르침으로 설명할 수 없는 자연의 법칙을 순수한 호기심과 탐구심으로 밝히려한 과학자들의 결단에서 비롯되었다. 코페르니쿠스는 새로운 우주관을 이렇게 표현했다.

우리가 아는 것을 알고 모르는 것을 모른다고 인식하는 것,
그것이 진정한 지식이다.

십자군 전쟁이 가져온 뜻밖의 선물

코페르니쿠스가 젊은 시절 이탈리아 볼로냐 대학에서 공부한 것은 학문적 여정 이상의 의미를 지닌다. 볼로냐는 베네치아, 제노바, 피렌체, 밀라노 같은 도시들에 둘러싸여 있었고, 이 도시들은 십자군 전쟁 당시 물류 거점으로의 역할을 하며 엄청난 번영을 누렸다. 전쟁터를 넘어선 이곳들은 해상 무역과 상업의 중심지일 뿐 아니라, 학문과 문화가 뒤섞이는 활기찬 교차로였다. 거리마다 낯선 언어가 메아리치고, 멀리서 온 여행자들이 서로 다른 세계의 이야기를 나누던 그곳은 마치 유럽의 심장처럼 요동치고 있었다.

200년 간의 십자군 전쟁 동안 이슬람 세계의 수학, 천문학, 의학 같은 선진 지식이 유럽으로 스며들었다. 아라비아 숫자의 혁신, 유클리드 기하학 그리고 과학적 방법론은 이 시기를 기점으로 유럽 학문의 토대가 되었다. 고대 그리스와 로마의 지혜가 아랍어를 거쳐 다시 유럽으로 돌아오는 아이러니한 역사가 펼쳐졌다. 이 과정에서 유럽은 자신들의 고대 문명을 재발견하고 재평가하는 눈을 갖게 되었다.

더불어 십자군 전쟁 직후, 이탈리아의 마르코 폴로가 완성한 《동방견문록》은 중세 유럽에 신비한 아시아를 소개하며 유럽인들의 시야를 넓혔다. 베네치아, 제노바, 피렌체를 통해 아시아의 향신료와 사치품이 유입되면서 동방 무역은 유럽인들의 호기심과 상상력을 자극했다. 이 낯선 물건들은 더 넓은 세계로의 문을 열었고, 새로운 사고와 탐험의 불꽃을 피웠다.

이탈리아 항구 도시들의 번영은 곧 부의 집중으로 이어졌다. 은행가들의 자금 관리와 대출은 엄청난 수익을 창출했고, 그 중심에는 피렌체의 메디치 가문이 있었다. 코시모 데 메디치는 은행업으로 부를 쌓아 올리며, 피렌체를 전 유럽에서 가장 아름다운 도시로 만들려는 열망을 실현했다. 그의 손자 로렌초 데 메디치에게로 이어진 이 열정은 르네상스 예술의 황금기를 가능케 했다.

메디치 가문의 후원 아래 탄생한 산드로 보티첼리, 미켈란젤로, 레오나르도 다빈치, 필리포 브루넬레스코 같은 예술가들은 고

오늘날 피렌체 대성당의 모습

대 예술 전통을 재해석하여 인간의 개성과 경험을 중심에 둔 새로운 예술 세계를 열었다. 그들의 작품은 신 중심적 세계관에서 벗어나 인간 중심의 르네상스를 알리는 신호탄이었다. 교회의 권위에 정면으로 도전하지는 않았지만, 이 시기의 예술은 오랜 중세적 가치의 틀을 흔들며 새로운 시대의 탄생을 예고했다.

코페르니쿠스가 공부한 볼로냐는 유럽에서 가장 오래된 전통을 지닌 중세적 가치가 짙은 도시였지만, 인근의 피렌체, 베네치아 등 신흥 문화의 물결을 피해갈 수 없었다. 그의 호기심은 새로운 사상과 다양한 관점이 넘실대는 이 환경 속에서 깊어졌다. 그가 품은 혁신적 우주관의 씨앗은 바로 이 풍요롭고 다채로운 문화적 교차로에서 자라난 것이다.

지식의 대중화가 시작되다

인간에 대한 탐구는 르네상스 예술가들만의 전유물이 아니었다. 14세기에 접어들면서 학자들 역시 인간의 본질에 눈을 돌렸다. 그들은 물리적 세계나 신의 신비를 넘어, 인간의 능력과 행동 그리고 내면의 본성을 탐구하기 시작했다. 이 새로운 관심은 인문학이라는 이름으로 불렸고, 곧 인문주의라는 사상운동으로 꽃피웠다.

사람들의 관심이 바뀐 데에는 고대 문헌의 재발견이 큰 역할을 했다. 1453년, 오스만튀르크가 비잔틴 제국의 수도 콘스탄티노플을 함락시키자, 수많은 비잔틴 학자들이 이탈리아로 피신했다. 그들은 그곳에서 그리스어를 가르치고 고대 지식을 부활시키며, 유럽 학계에 새로운 숨결을 불어넣었다. 잃어버린 고대의 지혜가 다시 빛을 발하기 시작했고, 이는 르네상스 인문주의 탄생의 도화선이 되었다.

또한 특히 이탈리아에서 르네상스 인문주의가 번성할 수 있었던 것은 십자군 전쟁 이후 상업과 도시가 발전하면서 중산층이 등장했기 때문이다. 변화는 더 많은 인구가 교육에 접근할 수 있는 기회를 제공했고, 지역 언어로 이루어지는 교육에 대한 수요를 증가시켰다.

이러한 새로운 환경에서 14세기 초에 단테의 《신곡》이 탄생했다.《신곡》에서 단테는 교리적인 관점이 아니라 인간의 죄와 구원에 대한 철학적 고찰을 통해 사후 세계에 접근하며 사랑, 정치, 도덕과 같은 세속적인 주제를 다루었다. 또한 이 작품은 라틴어가 아닌 토스카나 방언인 이탈리아어로 쓰여 일반 대중의 접근성을 높였다.

이 흐름은 1513년, 마키아벨리의《군주론》으로 이어졌다.《군주론》은 통치자의 역할과 권력의 본질을 냉철하게 고찰한 정치 철학서로, 역시 이탈리아어로 쓰였다. 마키아벨리는 당시 정치 현실을 반영하며 실용적 전략을 제시했고, 권력에 대한 통찰을 통해 이후 정치 지도자들에게 큰 영감을 주었다. 오늘날까지도《군주론》은 현대 정치 이론의 중요한 기둥으로 남아 있다.

《신곡》과《군주론》이 라틴어가 아닌 이탈리아어로 쓰였다는 사실은 르네상스를 이해하는 데 중요한 의미를 가진다. 이탈리아어로 쓰인 책들은 라틴어를 모르는 일반 대중이 지식에 접근할 수

단테가 《신곡》을 피렌체 시민들에게 바치는 모습을 묘사한 그림.
단테의 뒤로 《신곡》에 묘사된 연옥과 지옥이 보인다.

있는 길을 열었고, 성직자와 학자들만의 전유물이던 라틴어 중심의 지식 체계를 넘어 모국어로 소통하는 문화가 만들어졌다. 이는 언어가 곧 권력임을 깨닫고, 모국어를 통해 지식을 전파해 인문학의 대중화를 실현한 순간이었다. 그 결과, 다양한 학문 분야에서 폭넓은 대화와 토론이 가능해졌고, 오늘날 우리가 이해하는 인문학의 본질이 탄생했다.

역사는 때로 마치 운명처럼 모든 것이 한꺼번에 맞물리기도 한다. 오스만튀르크가 콘스탄티노플을 함락시키고 비잔틴 학자들이 서유럽으로 흩어지던 바로 그 시기에, 독일에서는 구텐베르크가 금속 활자 인쇄기를 발명했다. 이 혁신은 지식을 대량으로 인쇄하고 빠르게 전파하여 《신곡》과 같은 작품들이 순식간에 유럽 전역에 퍼져나가게 했다. 1455년경 출간된 《구텐베르크 성서》는 인쇄술의 상징으로, 이 발명은 지식의 민주화와 문화적 변혁을 촉발했다. 단테는 《신곡》에서 이 모든 변화를 예견이라도 한 듯 이런 말을 남겼다.

작은 불꽃에서 큰 불꽃이 터질 수 있다.

기독교 세계관의 해체

이탈리아에서 시작된 인문주의는 15세기 말에서 16세기 초, 프랑스와 독일, 네덜란드로 빠르게 퍼져나갔다. 이들 국가에서는 새로운 교육 체계가 도입된 대학들이 세워졌다. 독일의 하이델베르크 대학교(1386년)와 튀빙겐 대학교(1477년), 네덜란드의 레이던 대학교(1575년)가 그 대표적 사례다. 한편, 프랑스에서는 파리 대학교(12세기 중반)와 몽펠리에 대학교(1289년) 같은 오랜 전통의 대학들이 르네상스 인문주의의 물결을 받아들여 인문학, 철학, 문학 등 다방면에서 새로운 사상과 학문을 흡수하며 인재를 길러냈다.

르네상스의 바람은 대학 문턱을 넘어 일상의 공간으로도 스며들었다. 이탈리아의 부유한 상인 가문에서는 딸들에게도 사업에 필요한 지식을 익히도록 독려했다. 물론 사회 전반에 남아 있던 성차별의 벽은 여전히 견고했지만, 교육받은 여성들은 유럽 각지의 귀족 가문으로 시집가 르네상스 인문주의를 새로운 땅에 전파하는 중요한 가교 역할을 했다.

한편 북유럽으로 확산된 르네상스는 이탈리아와는 또 다른 색채를 띠었다. 이탈리아 르네상스가 고전 문화의 부활과 예술, 인문학의 확장에 집중했다면, 북유럽 르네상스는 종교적 문제에 깊은 관심을 기울였다. 북부 학자들은 교회의 부패와 예수의 가르침에서 멀어진 현실을 비판하기 시작했다. 특히 네덜란드의 사제 에라스뮈스는 1511년에 출간한 저서 《우신예찬》에서 중세 가톨릭교회와 성직자들의 방종과 부패, 무지를 신랄하게 꼬집었다. 그는 새로운 인문주의 정신을 바탕으로, 인간성과 진리 회복을 위해 교회와 성직자가 먼저 스스로를 개혁하고 비합리적인 관행에서 벗어나야 한다고 강력히 주장했다.

이처럼 르네상스는 단순히 예술과 학문을 넘어서 사회와 종교, 삶의 모든 측면에 변화를 몰고 왔다. 그리고 그 변화의 중심에는 인간에 대한 깊은 이해와 성찰이 자리 잡고 있었다. 르네상스의 대표적인 예술가 레오나르도 다빈치는 다음과 같이 말했다.

> 인간에게 무언가를 가르칠 수 없고,
> 스스로 찾을 수 있도록 도와줄 수 있을 뿐이다.

그는 진리나 지식이 외부에서 주어지는 것이 아니라 개인 스스로 찾아야 한다고 본 것이다. 이때까지 사람들은 교회가 가르쳐주는 지식을 절대적으로 믿고 따랐다. 이런 교회에 대한 절대적 믿음에 반대되는 개인의 자유로운 탐구와 사유를 강조한 그의 말은 르네상스 인문주의 정신을 반영한 말이라고 할 수 있다. 이처럼 르네상스는 개인이 자신의 잠재력을 발견하고 극대화하는 데 초점을 맞춘 움직임이었다. 오늘날의 기준에서는 이 개념이 평범해 보일 수 있지만, 당시에는 혁명적인 선언이었다. 이는 1,000년 동안 신 중심의 가르침을 강조해온 교회의 가르침에서 개인의 진리 추구에 초점을 맞춘 의식의 전환을 의미했다.

오늘날 '르네상스인'이라는 말은 '한 분야에 국한되지 않고 여러 영역에서 뛰어난 재능을 펼치는 사람'을 뜻한다. 레오나르도 다빈치는 그 완벽한 상징이다. 다빈치는 화가일 뿐만 아니라 조각가, 발명가, 엔지니어, 도시 계획가, 지도 제작자, 해부학자로서 일종

의 만능 재주꾼이었다. 다빈치 같은 르네상스인의 등장으로 인간
도 신에 버금가는 능력을 발휘할 수 있다는 인식이 퍼져나갔다. 인
류가 1,000년의 기독교 역사에서 전지전능한 존재로 인식되어 온
신의 신성함에 도전하기 시작한 것이다.

이처럼 르네상스는 중세 기독교 세계관이 흔들리고 해체되는
과정에서 결정적 역할을 했다. 과학적 사고가 열어젖힌 새로운 우
주관, 고전 문화의 부활과 인문주의의 확산, 개인의 잠재력에 대한
새로운 신화는 모두 르네상스가 만든 변화였다. 이 시대 사람들의

'르네상스인' 레오나르도 다빈치가 그린 〈최후의 만찬〉

도전과 성취는 오랫동안 답답하게 굳어 있던 중세의 장막을 걷어
내고, 근대 서양 문명의 기초를 놓았다.

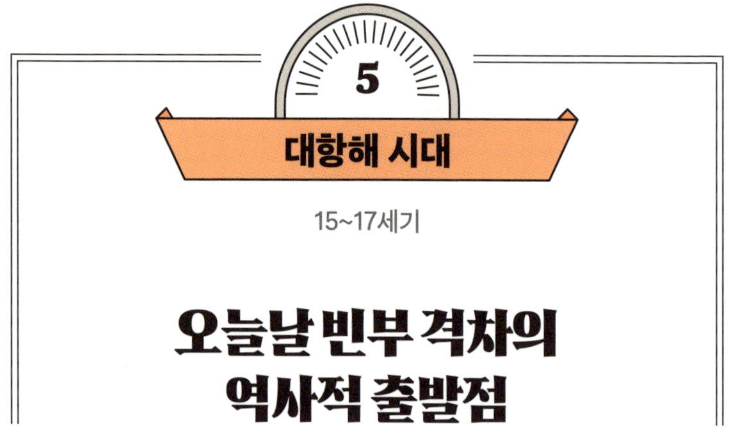

오늘날 빈부 격차의
역사적 출발점

1492년 크리스토퍼 콜럼버스의 배가 신대륙 해안에 닿은 순간, 대항해 시대가 시작되었다. 수많은 탐험가가 탄생했고, 수많은 국가가 새로운 땅을 찾아 원정에 나섰다. 세계 지도가 유럽 중심으로 송두리째 뒤바뀌었고, 근대 질서의 엔진이 본격 가동을 시작한 것이다. 이 시기에 만들어진 무역망과 권력 구조는 유럽의 황금기를 떠받쳤다. 하지만 그 아래에는 폭력·노예제·식민 지배가 단단히 뿌리내렸고, 오늘날까지 세계 불평등의 씨앗으로 남았다.

코페르니쿠스가 태양이 아니라 지구가 돈다고 주장하기 훨씬 전부터 유럽의 많은 지식인은 이미 지구가 둥글다는 사실을 막연하게 상상하고 있었다. 그들에게 세계는 '끝에 이르면 낭떠러지로 떨어지는 평평한 판'이 아니었다. 유럽인들은 알려진 세계의 가장자리 너머, 아직 이름조차 붙지 않은 미지의 공간이 기다릴지도 모른다는 생각을 조심스레 품기 시작했다.

마르코 폴로의《동방견문록》과 아시아에서 흘러든 비단, 향신료 같은 상품들은 희미한 상상을 생생한 현실로 채웠다. 동쪽의 풍요로운 문명 이야기는 유럽인들에게 지리적 경계를 넘어선 거대한 세계가 실제로 존재한다는 확신을 심어주었고, 호기심을 넘어 무역과 탐험의 불꽃으로 키웠다. 결국 유럽 사회 전체에 더 넓은 세계를 직접 찾아 나서려는 열망이 피어올랐다.

그 인식 변화 위에서 콜럼버스의 신대륙 발견은 유럽이 당연시하던 세계의 경계를 단숨에 산산조각 냈다. 실크로드와 지중해를 축으로 돌아가던 중세의 경제·정치·사상 체계는 더 이상 버틸 수 없게 무너졌다. 과학 혁명과 대항해 시대가 맞물리며 유럽은 기존의 굳건하던 지리적·우주적 중심을 잃고, 완전히 새로운 세계 인식 위에서 근대의 문턱을 넘었다.

15~16세기 유럽의 해양 팽창은 아메리카, 아프리카, 유럽, 아시아를 이어 붙여 하나의 거대한 네트워크를 만들었다. 인류는 서로 엮이고 작동하는 하나의 세계 속에 들어갔다. 세계사는 이제 별개의 지역사가 아니라, 교역과 정복, 이동과 착취가 얽힌 역사로 재편되었다.

콜럼버스의 아메리카 첫 상륙을 묘사한 역사화.
그는 이 섬의 이름을 '신성한 구세주'라는 뜻의 '산살바도르'라고 지었다.

대항해 시대는 미지의 땅을 찾아낸 사건으로만 평가할 수 없다. 세계를 하나로 연결하고 그 위에 지배와 경쟁의 규칙을 새로 세운 전환점이었다. 중세의 단절된 세계관이 붕괴된 자리에 위계화된 근대 세계 질서가 자리 잡기 시작한 것이다.

유럽은 군사력·자본·항해술로 바다를 장악해 무역의 법칙을 독점했고, 비유럽 지역은 금·은·설탕·면화 같은 자원과 값싼 노동력을 떠안는 주변부가 되었다. 부와 권력이 유럽으로 집중되고 그 불균형은 오늘날까지도 여전히 격차가 유지되고 있다.

근대를 열어젖힌 콜럼버스의 항해

1492년, 콜럼버스가 신대륙에 닿은 사건은 그의 개인적인 욕망이 그 시대 유럽의 변화와 맞물려 폭발한 순간이었다. 이탈리아의 항구 도시인 제노바 출신의 평범한 항해사가 거대한 세계를 향해 뗀 첫 걸음은, 그가 가진 집요함과 시대의 흐름이 없었다면 불가능했을 것이다.

콜럼버스는 귀족도, 학자도 아니었다. 기존 사회에서는 쉽게 자리 잡기 어려운 주변인이었기에, 오히려 그 한계가 그를 모험으로 내몰았다. 그는 아시아로 가는 서쪽 항로를 발견해 부와 명예를 얻겠다는 욕망에 사로잡혔다. 지구의 크기를 과소평가한 그의 계산은 틀렸지만, 그 확신이 그의 추진력을 키웠다. 그리고 그 모험은 단순한 상업적 시도를 넘었다. 기독교 세계를 넓히고, 이슬람 세력을 압박한다는 종교적 명분으로 포장되어 있었다. 신앙과 욕망이 뒤엉킨 콜럼버스의 항해는, 그 자신도 모르는 사이에 중세와 근대가 충돌하는 지점이 되었다.

콜럼버스의 대서양 횡단은 개인의 야망만으로 이뤄진 모험이 아니었다. 1453년 오스만 제국이 콘스탄티노플을 함락하며 기존 동방 무역로를 장악하자, 향신료, 비단 같은 귀중품의 가격이 치솟고 유럽이 동방 무역을 위해 감수해야 할 비용과 위험은 급증했다. 이러한 시대적 위기가 바로 그의 야망을 자극하고 항해를 현실로 만든 결정적 불씨였다.

또한, 항해술과 선박 기술의 발전이 대항해 시대를 가능케 했다. 나침반과 별을 이용한 항법 그리고 캐러벨이라는 혁신적 소형 범선이 바다 여행의 위험을 줄였다. 캐러벨은 빠르고 가벼웠으며, 바람 방향에 상관없이 효율적으로 항해할 수 있었다. 이 배가 있었기에 콜럼버스는 신대륙을 발견할 수 있었다.

포르투갈과 스페인의 중앙집권화와 왕권 강화 역시 중요한 배경이었다. 특히 스페인은 이슬람 세력과의 오랜 전쟁인 레콩키스타를 막 마무리한 뒤, 더 큰 돈·영토·신자로 가톨릭 왕권의 위신을 뒷받침하고자 했다. 바로 그때 콜럼버스의 제안이 왕실의 눈에 들어왔다.

콜럼버스는 서쪽으로 항해하면 아시아에 도달할 수 있다고 주장했다. 실제보다 작게 계산한 지구 크기를 근거로 대서양을 건너 비교적 짧은 거리 안에 일본과 중국에 닿을 수 있다고 설득했다. 그 항로를 통해 향신료·금·비단을 직접 확보하고, 여러 유목 민족이 세력을 잡은 실크로드나 포르투갈이 장악한 아프리카 항로를

콜럼버스가 서쪽 항로 탐험 계획을 이사벨 1세에게 제안하는 장면을 그린 역사화

우회해 중개 세력을 배제할 수 있다고 강조했다. 스페인 왕실은 이 계획이 '새로운 무역로 개척'인 동시에 '가톨릭 제국의 영광을 넓히는 사업'이 될 수 있다고 판단해 결국 그의 항해를 승인했다.

콜럼버스의 항해는 중세적 신앙과 근대적 욕망이 교차한 역사적 순간이었다. 그는 새로운 세계에 도달했지만, 그 세계를 이해하고 해석할 새로운 세계관까지 갖추지는 못했다. 사고방식은 여전히 중세적 틀에 머물러 있었지만, 그 항해가 낳은 결과는 중세 질서를 넘어서는 것이었다. 이런 이유로 후대 역사 서술에서는 종종

"콜럼버스는 새로운 세계를 발견했지만, 새로운 세계관은 발견하지는 못했다"는 평가가 뒤따른다. 실제로 콜럼버스는 죽을 때까지 자신이 도달한 땅을 아시아, 곧 '인도들 Indies'의 서쪽 지역이라 믿었고, 그 때문에 그곳을 '서인도', 그 주민들을 '인디언'이라 불렀다. 이러한 명칭은 그가 새로운 현실을 기존 세계관 안에서만 이해하려 했던 한계를 상징적으로 드러낸다.

그러나 바로 이 한계가 역설적으로 큰 의미를 가진다. 콜럼버스의 머릿속은 여전히 중세에 갇혀 있었지만, 그가 열어젖힌 문은 그의 상상보다 훨씬 더 넓게 유럽 전체를 근대라는 새로운 무대로 이끌었다.

유럽 중심 질서의 탄생

1492년 콜럼버스가 대서양을 건넌 사건은 단순한 지리적 발견을 넘어, 유럽이 세계를 바라보고 조직하는 방식을 뒤바꾼 결정적 계기였다. 한 사람의 항해가 즉시 새로운 질서를 낳은 건 아니지만, 이 순간부터 대항해와 식민 확장의 긴 여정이 시작되었다. 신대륙 발견은 새 땅을 알린 데 그치지 않고, 유럽이 자신들을 세계 중심에 놓고 다른 지역을 주변으로 재배치할 물리적·상상적 기반을 마련한 전환점이었다. 이때부터 세계는 지금까지도 영향을 미치고 있는 평등한 문명들의 나열이 아니라 중심과 주변으로 나뉘는 위계적 구조로 재편되기 시작했다.

대항해 시대는 단순한 탐험의 시대가 아니었다. 왕권과 상업 자본, 군사력, 항해 기술이 얽히며 바다를 둘러싼 새로운 규칙이 만들어진 권력과 자본의 전환기였다. 그것은 자유로운 교환이 아니라 치열한 싸움—누가 항로를 쥐고 가격과 법을 정하며, 누가 그 아래 종속될 것인가를 다투는 전장이었다. 결국 비유럽 세계는 독립된 문명권이 아니라 유럽의 원자재와 노동력을 공급하는 거대한 저장고가 되었다.

16세기 스페인은 아메리카 포토시 은광에서 쏟아져 나온 막대한 은으로 유럽의 정치와 전쟁을 주도하는 핵심 세력으로 부상했다. 이 은은 식민 지배와 강제 노동 속에서 채굴된 산물이었고, 수많은 원주민의 희생 위에 쌓인 부였다. 한편 카리브해·브라질, 이후 북아메리카 남부의 설탕·면화 플랜테이션은 아프리카 노예의 강제 노동에 의존했고, 그 생산물의 이윤은 다시 유럽으로 흘러 상업·산업 자본의 토대를 닦았다.

북아메리카 땅에도 같은 질서가 빠르게 들어섰다. 프랑스는 캐나다 지역의 모피 무역을 통해 원주민 부족들을 유럽 상업 네트워크에 끌어들였고, 교역과 동맹을 명분으로 그들의 토지와 노동을 점차 장악했다. 영국은 버지니아와 매사추세츠를 중심으로 담배와 곡물 농사를 대규모로 확장하며 원주민을 서쪽으로 밀어내거나 학살했고, 초기 식민지 경제를 떠받치던 노예 노동은 남부 플랜테이션으로 확대되어 설탕·면화와 함께 아프리카 노예 수요를 폭증시켰다. 이 모든 과정은 단순한 개척이나 생존의 이야기가 아니라, 유럽 본국의 원자재 수요와 자본 축적에 철저히 복속된 식민 경제의 일부였다.

아시아에서도 유럽 세력의 팽창은 무역과 폭력을 뒤섞은 형태로 전개되었다. 영국 동인도 회사는 인도와 중국에서 차와 비단 무역을 장악하며 현지 통치자들을 무력으로 압박했고, 네덜란드 동인도 회사는 인도네시아 말루쿠 제도에서 향신료를 독점하며 농민들을 강제 재배 체제에 묶었다. 영국은 또한 인도 벵골에서 전통 직물업을 세금과 수입품으로 파괴해 경제를 재편했고, 이는 대규모 기근을 불러일으켰다.

아프리카는 노예 무역의 비극적 중심지가 되었다. 유럽 상인과 현지 권력자의 결탁으로 수백만 명이 아메리카로 끌려가며 인구 유출과 정치 혼란이 아프리카를 짓눌렀다. 결국 유럽의 부와 권력은 아메리카 자원, 아프리카 노동력, 아시아 상품·시장이라는 세계 네트워크에서 피어난 열매였다.

대항해 시대는 세계 자본주의의 출발점이었다. 이 체제는 유럽 내부 시장만으로 형성된 것이 아니라, 식민지 착취, 노예 노동, 불평등 교역이 전 세계적으로 얽히며 만들어진 구조였다. 오늘날

글로벌 빈부 격차와 개발 불균형은 바로 이 뿌리 깊은 체제가 형태만 바꿔 이어진 결과다. 그런 점에서 콜럼버스의 항해는 단순한 신대륙 발견이 아니라, 유럽 중심 권력 체제가 싹트기 시작한 역사적 출발점이었다.

인간을 사고파는
폭력 위에 세워진 새 질서

르네상스가 고전 지식의 재발견과 인간 이성에 대한 신뢰를 퍼뜨리던 바로 그때, 유럽의 시선은 바다로 향했다. 15세기 말 해양 확장은 항해술·지도 제작·천문학·조선 기술을 비약적으로 발전시키며, 책 속 세계를 직접 경험과 관찰로 바꿨다.

새로운 배와 도구들 덕분에 흩어져 있던 바다와 해안선이 하나의 큰 지도로 연결되었다. 세상은 더 이상 옛 전통이나 책에만 의존한 상상이 아니라, 직접 측정하고 기록하며 필요하면 고칠 수 있는 검증 가능한 실재로 느껴졌다. 이런 변화는 르네상스 사람들이 강조한 '직접 눈으로 보고 관찰하라'는 태도 그리고 자연을 경험으로 탐구하는 철학과 만나 근대 과학과 논리적 사고의 뿌리를 만들어냈다.

이 점에서 대항해 시대는 단순한 영토 확장이 아니라, 르네상스의 지식 혁명이 바다를 통해 현실 세계로 확장된 순간이었다. 기술·지식·상업이 서로를 밀어 올리며, 유럽은 중세적 질서의 경계를 넘어 근대로 이행하는 문턱에 서게 되었다.

그러나 이 발전은 가치 중립적이거나 모든 이에게 열려 있는 진보가 아니었다. 유럽의 팽창은 세계를 유럽 중심의 질서 속에 편입시키는 과정이었고, 그 과정에서 폭력과 강제는 항상 뒤따랐다. 아메리카 대륙의 원주민 사회는 군사적 정복, 치명적 전염병, 강제 노동 체제에 의해 급속히 붕괴했고, '발견'이라는 말 뒤에는 토지 약탈과 인구 감소, 언어·신앙·문화의 파괴가 자리했다.

삼각 무역은 이 모순을 가장 집약적으로 보여준다. 유럽에서 생산된 직물과 금속 제품, 술과 총기는 아프리카로 건너가 인간의 몸과 교환되었고, 그렇게 강제로 이송된 사람들은 아메리카의 플랜테이션 농장에서 사탕수수와 면화, 담배를 생산했다. 이 농산물과 원료는 다시 유럽으로 돌아가 상업과 공업의 부를 증식시켰다.

자유와 권리를 말하던 근대 유럽 사회의 번영은 바로 이 순환 구조 위에서 가능했다. 대항해 시대는 근대를 연 시기였지만, 그 근대는 처음부터 수백만 명을 재산처럼 사고파는 폭력 위에 세워진 질서이기도 했다.

자유는 종종 가장 잔혹한 노예제를 정당화하는 이름으로 사용된다.

계몽주의 사상가 몽테스키외는《법의 정신》에서 '자유'라는 미명하에 자행된 식민 지배와 노예 제도의 도덕적 모순을 예리하게 드러냈다.

대항해 시대는 과학과 상업의 발전을 촉진했지만, 동시에 인종과 계급의 경계를 세계적 규모로 고착화한 시기이기도 했다. 자

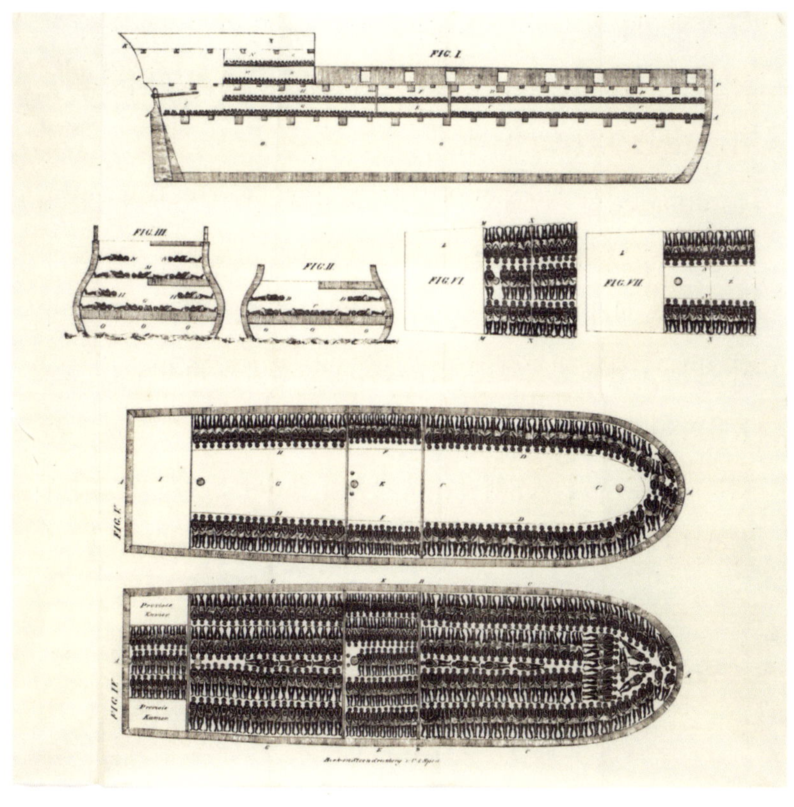

대서양 노예 무역선 내부 구조도. 4층으로 된 갑판에 노예들을 눕혀 수송했다.

유와 이성, 진보가 보편적 가치로 선언되었지만, 이는 주로 유럽에만 해당하는 것이었고 비유럽 세계는 지배와 차별의 질서 속으로 편입되었다.

따라서 대항해 시대를 이해한다는 것은 단순히 항로와 발견의 역사를 되짚는 일이 아니다. 그것은 '발전'이라는 이름 아래 어떤 폭력과 불평등이 정당화되었는지를 묻는 작업이다. 과학과 상업의 확장, 자유의 선언과 예속의 현실이 교차한 이 시대를 통해 오늘날까지 이어지는 세계적 격차와 차별이 얼마나 깊은 역사적 뿌리를 지니는지가 드러난다.

이러한 이중성은 유럽 내부에서도 균열을 일으켰다. 아시아와 아프리카를 정복하며 쌓은 부와 그 과정에서 그들에게 가한 폭력은 신과 교회가 쥐고 있던 권위와 진리를 뒤흔들었다. 세속 권력과 신앙, 구원과 질서의 관계를 다시 묻는 물음이 퍼져나갔고, 그 물음이 터져 나온 역사적 사건이 바로 종교 개혁이었다. 그렇게 근대는 세계를 지배하는 체제이자, 자신의 권위와 질서를 스스로 해체하고 다시 짓는 자기비판의 시대로 들어섰다.

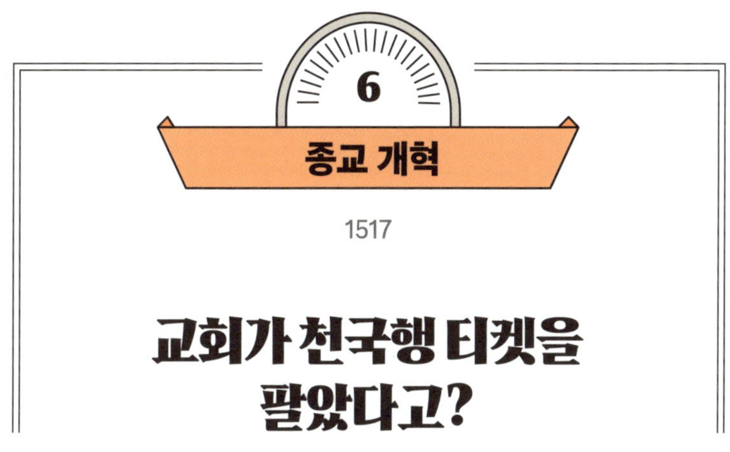

교회가 천국행 티켓을 팔았다고?

르네상스의 번영은 인문주의를 발달하게 했고, 대항해 시대는 유럽인들을 세속적 가치에 눈뜨게 했다. 신대륙 발견과 영역 확장에 대한 야욕은 교회를 더욱 타락하게 했고, 결국 개혁의 바람이 불었다. 종교 개혁으로 탄생한 새로운 교파는 유럽 전역을 넘어 유럽 열강의 식민지로 확산되었다.

1505년, 독일의 아이슬레벤 근처에서 21세의 청년이 격렬한 뇌우를 만났다. 겁에 질린 그는 성녀 안나에게 맹세했다. 살아남는다면 평생을 하느님께 바치겠다는 것이다. 약속대로 청년은 법학 공부를 포기하고 아우구스티누스 수도원에 입회하여 수도사가 되었다. 그로부터 12년 후인 1517년 10월 31일, 그는 비텐베르크 교회 문에 〈95개조 반박문〉를 내걸었다. 이 행위는 1,000년 동안 이어져온 기독교 질서에 대한 직접적인 도전이자 종교 개혁의 시작을 알리는 신호탄이었다. 교회에 맞설 용기를 낸 이 청년이 바로 종교 개혁의 상징인 마르틴 루터이다.

루터는 〈95개조 반박문〉을 통해 가톨릭교회의 오류를 비판하고 개혁을 촉구했다. 그는 성경, 특히 로마서를 근거로 구원은 '오직 믿음Sola Fide'을 통해 이루어진다고 강조했다. 또한 이 구원은 '오직 은혜Sola Gratia'로만 가능하다고 주장했다. 그의 주장은 유럽 사회에서 막강한 영적·세속적 권력을 휘두르던 로마 교황청의 권위에 대한 심대한 도전이었다. 개인이 오직 믿음으로 구원을 얻을 수 있다는 루터의 주장은 기독교 세계의 질서와 통일성을 흔들었고, 유럽 역사의 흐름을 바꾸어 놓았다.

개인의 신앙과 양심을 강조한 종교 개혁은 개인의 권리와 자유를 중요시하는 근대 사상의 토대를 마련했다. 이는 이후 수 세기 동안 서구 역사에서 사회 및 정치 개혁 운동에 지대한 영향을 끼쳤다.

모든 사람은 자기 자신의 믿음과 죽음에 대해 책임져야 한다.

루터의 이 말은 오늘날의 눈으로 보면 사소해 보일지 모르지만, 당시에는 혁명적이었다. 이 문장의 핵심은 '자기 자신'이라는 단어에 담긴 의미이다. 이는 르네상스 인문주의가 개인을 재발견하는 흐름과 맞닿아 있다. 다만 종교 개혁이 개인의 중요성을 부각시킨 정도는 르네상스보다 훨씬 깊고 강렬했다. 1,000년 가까이 교회와 신앙이 유럽인의 삶을 꽉 쥐고 있던 시절, 개인의 신앙이 일상의 중심에 자리 잡지 않았다면, 르네상스 인문주의는 소수 지식인의 담론에 머물렀을 뿐일 것이다. 루터의 혁신은 교리의 변화에 그치지 않고, 개인의 신념과 삶 전반에 실질적 변화를 불러왔다. 사람들은 스스로 믿음과 가치를 재정립하며 새로운 사회적 관계를 구축했다. 이 변화는 유럽 문명 전반에 걸쳐 깊은 혁신을 촉진하며 근대 사회의 기틀을 마련했다.

돈으로
죄를 씻을 수 있을까?

마르틴 루터의 종교 개혁은 그의 구원에 대한 깊은 고민에서 비롯되었다. 수도사이자 사제였던 루터는 하루에 최대 여섯 시간씩 고해성사하며 끊임없이 죄와 씨름했지만 마음의 평화를 찾지 못했다. 그러던 중 그는 로마서의 한 구절을 발견했다. "오직 의인은 믿음으로 말미암아 살리라." 루터는 이 구절에서 모든 신학적 문제에 대한 해답을 찾았다. 오직 믿음으로만 구원을 얻는다는 종교 개혁의 핵심 신념이 탄생한 것이다.

가톨릭교회는 오랜 세월 동안 비판에 직면해 있었다. 주교들은 마치 왕자처럼 화려한 생활에 빠져 있었고, 다수의 사제는 제대로 된 교육 없이 허울뿐인 성직에 머물렀다. 더욱이 성직을 금전으로 거래하는 풍조가 만연했고, 이는 교회의 도덕적 권위에 큰 타격이 되었다. 이로 인해 수많은 신자가 교회에 대한 믿음을 잃고 깊은 실망과 불신에 빠질 수밖에 없었다.

이 상황 속에서 교회는 면죄부 판매라는 논란의 불씨를 댕겼다. 면죄부는 죽은 사람의 영혼이 천국에 가기 전 남은 죄를 씻기 위해 머무르는 곳인 연옥에서 보내야 할 시간을 줄여준다는 교황의 공식 증서였다. 특히 교황 레오 10세는 성 베드로 대성당 건축 자금을 조달하기 위해 이 면죄부를 대대적으로 팔았다. 루터가 살던 비텐베르크 인근에서도 면죄부가 판매되었다. 도미니크 수도사 요한 테첼이 면죄부를 팔고 있는 모습을 목격한 마르틴 루터는 격분했다. 테첼이 "금궤의 동전이 울리면 연옥의 영혼이 해방된다"는 주장을 내세우는 것은 교회의 뿌리 깊은 부패를 그대로 드러내는 것이었고, 루터는 이를 구원을 상품화하는 행위로 보았기 때문이다. 루터는 더 이상 개혁을 미룰 수 없다고 결심했다.

그는 면죄부 판매의 성경적 근거를 정면으로 문제 삼으며 〈95개조 반박문〉을 발표했다. 루터가 주장한 '구원은 오직 믿음으로

면죄부 판매 장면을 묘사한 목판화

만 가능하다'는 신학은 철저히 성경에 기초를 두고 있었다. 그는 교회나 성직자가 아닌 성경 그 자체가 믿음과 행위에 대한 유일한 권위라고 선언했다. 예수께서 십자가에서 죽으실 때 하나님과 인간 사이를 가로막던 성전의 장막이 찢어졌고, 그 순간 누구든 하나님 앞에 직접 나아갈 수 있게 되었다는 것이다. 모든 신자가 사제라는 이른바 '만인사제직' 사상은 당시 성직자 중심 체제를 송두리째 뒤흔들었다. 구원에 사제가 필수적이지 않으며, 하나님 앞에서 성직자와 평신도는 동등하다는 이 주장은 당시 가톨릭교회의 권위에 결정적인 타격을 가했다.

1521년, 루터의 반박문이 독일 전역에서 파장을 일으키자 신성 로마 제국 황제 카를 5세는 보름스 의회를 소집해 루터에게 입장을 설명할 기회를 부여했다. 이 의회는 루터가 자신의 신앙과 교리를 공개적으로 알리는 중대한 순간이었다. 교황의 철회 압력에도 루터는 굴복하지 않았고, 결국 이단자로 파문당했다. 그는 돌아올 수 없는 길을 선택했고, 1,000년 넘게 이어진 기독교 왕국의 분열이 시작됐다. 보름스 의회에서 루터가 보여준 담대한 태도는 독일뿐 아니라 유럽 전역에 새로운 신앙의 불씨를 지피며 종교 개혁의 서막을 열었다.

상인들의 마음을 움직인
평등의 메시지

나는 성경과 하나님의 말씀에 구속되어 있다.
양심에 반하는 것은 옳지 않기 때문에
나는 아무것도 철회할 수 없고, 철회하지도 않을 것이다.

루터는 보름스 의회에서 위와 같이 발언했다. 당시 파문은 교회와 단절되고 목숨이 위험에 처하는 것을 의미했다.

1521년 보름스에서의 루터의 의견 철회 거부는 그의 신학적

보름스 의회에서의 루터.
루터가 자신의 사상을 철회하라는 요구를 거부하는 장면을 담았다.

신념에 뿌리를 두고 있었다. 그러나 그의 입장은 당시 정치적·사회적·지적 분위기의 산물이기도 했다. 16세기 초 유럽은 거대한 변화의 소용돌이 한가운데 있었다.

정치적으로 신성 로마 제국 내에서 황제의 권위는 점차 약화되고, 대신 선제후들의 세력이 눈에 띄게 성장하고 있었다. 선제후는 단순한 봉건 귀족이 아니라, 황제를 선출하는 권한을 가진 독일 내 최상위 권력자로서 막강한 영토적 지배력과 군사, 재정적 힘을 갖추고 있었다. 더불어 교황청과의 관계에서도 자신들의 독립성을 적극적으로 추구하며 중앙집권적 교황 권력에 균열을 내기 시작했다. 루터가 파문당한 이후 그를 보호한 작센의 선제후 프리드리히 3세의 역할은 이런 복잡한 정치적 배경을 여실히 보여준다. 그 덕분에 루터는 단지 신학자의 문제를 넘어선, 새로운 시대의 아이콘으로 자리매김할 수 있었다.

사회적으로도 큰 변화가 일어났다. 중세 봉건 사회는 농업을 기반으로 했지만 르네상스와 신대륙 발견 등의 영향으로 상인 계층이 증가했다. 이 상인들은 도시에 거주하며 상업에 종사하면서 '도시에 사는 사람들'이라는 뜻의 부르주아지라는 새로운 사회 계층을 형성했다. 부르주아지의 부상은 르네상스의 중심지였던 이탈리아에서 특히 두드러졌지만 독일에서도 비슷한 계급이 등장했다. 14세기부터 독일과 북동부 유럽에서는 상업적 이익을 증진하고 무역 활동을 보호하기 위해 한자Hansa 동맹이라는 상인 연맹이 설립되었다. 루터의 종교 개혁 시기, 한자 동맹을 포함한 많은 상공업자는 면죄부 판매를 향한 그의 비판에 깊이 공감했다. 루터가 전한 '믿음을 통한 구원'이라는 메시지는 그들에게 교회의 경제적 억압에서 벗어날 수 있는 희망이었다. 구원이 면죄부가 아닌 신앙으로만 얻어진다는 루터의 주장은, 물질과 이익을 중시하는 부르주아지의 마음을 강력히 움직였다.

더 나아가, 루터가 강조한 "하나님 앞에서 모든 개인은 평등하다"라는 가르침은 부르주아 계층에 깊은 울림을 주었다. 당시 기독교 사회는 상업과 금융에 종사하는 이들을 종종 하위 계층으로 치부했는데, 루터의 평등사상은 이들에게 사회적 편견을 넘어설 자부심과 정체성을 부여했다. 이렇게 루터의 메시지는 단순한 신앙 개혁을 넘어, 경제적 야망과 정체성의 변화까지 아우르는 강력한 시대적 울림이었다.

인문주의의 영향을 가장 깊이 받은 계층은 부르주아지였다. 신분에 따른 제약이 약해지고 개인의 능력을 펼칠 수 있는 여건이 마련되면서, 부르주아지 계층은 경제적 성공을 바탕으로 더 높은 수준의 교육을 받게 되었다.

상업과 학문이 활기를 띠던 도시들은 변화의 중심지로 변모했다. 마르코 폴로와 콜럼버스 같은 탐험가들은 세계를 더 넓고 가깝게 만들었고, 낯선 아이디어와 새로운 발견은 곧 가치 있는 투자 대상으로 인식되었다. 이러한 환경 속에서 인쇄술의 발달은 루터의 사상과 저술을 널리 퍼뜨려, 그가 더 많은 독자를 얻고 영향력을 확대하는 데 결정적인 역할을 했다.

루터의 사상은 어떻게 퍼져나갔나

파문당한 루터는 프리드리히 3세의 보호 아래 바르트부르크로 피신하여 그곳에서 성경을 독일어로 번역하는 작업에 착수했다. 이는 종교 개혁을 넘어 유럽 근대화의 전환점이 되었다. 그전까지 성경은 라틴어로만 쓰여졌기 때문에 성직자와 소수의 엘리트만이 그 내용을 접할 수 있었다. 루터는 성경을 번역함으로써 일반인들도 하나님의 말씀을 직접 읽고 해석할 수 있도록 했다.

그의 번역 작업은 '모든 신자는 사제'라는 루터의 핵심 교리와 완벽하게 맞닿아 종교적 평등의 문을 활짝 열었다. 평범한 사람들이 직접 성경을 접하고 해석할 수 있게 되면서 교회의 권위가 분산되고 신앙의 주체가 개인으로 이동하는 혁신이 시작된 것이다. 이 순간은 종교 사상의 민주화였으며, 동시에 유럽 사회 전반에 새로운 자율성과 생각의 자유를 불어넣은 상징적인 사건으로 자리 잡았다.

구텐베르크가 종이에 인쇄하는 모습을 묘사한 삽화

'루터의 성경'이 널리 보급된 것은 인쇄 기술의 혁신적 발전 덕분에 가능했다. 루터의 사상을 전파하는 데에는 독일어 성경뿐만 아니라 오늘날의 소셜 미디어처럼 팸플릿, 포스터, 만화도 중요한 역할을 했다. 이러한 매체들은 루터의 〈95개조 반박문〉 등을 포함해서 복잡한 신학적 주제를 일반 대중이 이해하기 쉽게 했으며, 가톨릭교회의 타락과 부패를 풍자하는 데 효과적이었다.

이 정보 혁명은 교회가 루터를 이단으로 배척하려 했음에도 불구하고, 오히려 기존 기독교 질서에 대한 도전을 확산시키고 루터의 사상에 대한 대중의 관심을 한층 더 높였다. 성경을 접할 수 있게 되면서 사람들은 자신만의 방식으로 성경을 해석하기 시작했고, 츠빙글리파, 칼뱅주의파, 아나뱁티스트, 성공회, 청교도, 장로교, 감리교, 침례교 등 다양한 개신교 교파가 출현하게 되었다. 심지어 루터교도 사도 루터 교회, 개혁 루터 교회, 자유 루터 교회로 나눠졌다. 각 교파는 자신들이 하나님을 섬기는 가장 참되고 올바른 길을 가고 있다고 굳게 믿었다. 그 신념이 쌓이고 부딪히면서, 종교의 풍부한 다양성과 복잡성이 자연스럽게 만들어졌다.

자본주의의 정신적 토대가 된 칼뱅주의

종교 개혁 이후 개신교는 다양한 교파로 갈라졌지만, 그 중심에는 마르틴 루터가 내세운 '오직 믿음으로만 구원받는다'라는 교리가 굳건히 자리했다. 이 교리는 인간의 행위나 공로가 아닌, 전적으로 하나님의 은혜에 의존하는 구원의 원리를 강조하며, 개신교 신학 전반에 깊은 영향을 미쳤다.

루터의 사상은 프랑스의 종교 개혁가 장 칼뱅에 의해 한층 더 체계화되었다. 칼뱅은 하나님의 절대 주권을 강조하면서, 하나님께서 구원받을 자를 미리 정하셨다는 '예정설'을 제시했다. 이는 당시 뜨거운 논쟁을 불러일으켰지만, 칼뱅은 계속해서 선택받은 자들이 신앙 안에서 진정한 의로움을 행하며 살아야 함을 설파했다. 이 가르침은 '칼뱅주의'로 집대성되었는데, 신자들은 자신의 직업과 일상 속에서 부덕과 나태를 멀리하고, 하나님께서 맡긴 소명을 충실히 수행함으로써 구원의 확신을 얻어야 한다고 보았다.

칼뱅은 또한 모든 직업을 하나님의 부르심으로 여겨, 신자들이 직업에 헌신함으로써 은혜에 응답할 것을 강조했다. 이런 가르침은 사람들로 하여금 자신의 일에 더욱 성실히 임하게 만들었고, 근면과 검소를 신앙의 덕목으로 자리 잡게 했다. 신자들은 이러한 덕목을 지키면 하나님께서 경제적 번영을 허락하신다고 믿었는데, 이것이 바로 개신교의 '직업 윤리'로 알려지며, 자본주의 발전의 정신적 토대로 작용했다. 나아가 개인의 자율성과 책임을 중시하는 현대 사회의 중요한 가치관이기도 하다.

칼뱅주의는 유럽 대륙을 넘어 영국과 스코틀랜드에서도 깊이 뿌리내렸다. 영국의 청교도와 스코틀랜드의 장로교는 사회적으로 큰 영향력을 발휘했고, 그 신도들이 북미로 건너가 새로운 땅에 그 신학과 공동체 정신을 전파했다. 북미 초기 식민지 개척자들 대부분은 종교적 자유를 추구한 개신교 신자들이었기에, 그들의 근면·절제·책임을 중시하는 직업 윤리는 미국 자본주의 발전을 이끄는 정신적 토대가 되었다.

루터와 칼뱅이 이끈 종교 개혁은 단지 신앙의 문제에 머물지 않았다. 그들의 가르침 속 직업 윤리와 소명 의식은 개인 도덕을 넘어서 사회 구조와 문화 형성에 중대한 역할을 했다. 특히 성경에 대한 개인적 믿음을 통한 구원 사상은 인쇄술의 발전과 맞물려 성경 읽기가 신자의 의무가 되도록 했고, 이로 인해 서구 사회의 문맹률을 낮추는 데 크게 기여했다. 또한 예정설에 기반한 직업 윤리와 소명 의식은 부르주아 계급의 성장과 결합하여 유럽 자본주의에 새로운 활력을 불어넣었다.

> 주님의 길로 끊임없이 전진할 수 있도록 최선을 다하는 것을
> 멈추지 말고, 우리의 성취가 작다고 해서 절망하지 말자.

칼뱅의 이 말은 신자들에게 하나님이 주신 소명을 완수하기 위해 최선을 다할 것을 촉구했다. 기독교 세계에서 오랫동안 경멸받던 물질적 욕망은 이제 하나님에 대한 믿음을 보여주는 미덕으로 여겨졌다.

종교 개혁은 단순한 종교적 사건이 아니라 근대를 정의한 중요한 역사적 사건이다. 종교적 영역에서 시작했지만 그 영향은 사회 전반에 걸쳐 광범위하게 퍼졌기 때문이다. 근대는 르네상스 이후 서구의 정치·사회·문화가 크게 변화한 시기였다. 하지만 신앙은 여전히 유럽인의 삶 속 중심축으로 자리 잡고 있었다. 르네상스가 개인의 가치를 새롭게 부각시킨 것은 시대정신의 핵심이었으나, 그것이 신앙과 긴밀히 연결되지 않았다면 일부 계층의 사적

전유물에 머물렀을 가능성이 크다.

　루터와 칼뱅과 같은 개혁가들은 교회의 권위가 아닌 개인의 믿음과 하나님의 은혜가 구원의 열쇠라는 메시지를 강조했다. 이는 신실한 신자는 하나님이 주신 소명을 완수하기 위해 최선을 다해야 한다는 생각으로 이어졌고, 중세의 세계관을 뒤흔드는 데 결정적인 역할을 했다. 개인의 이성과 경험을 중시하는 근대적 가치가 신앙과 결합해 삶의 일부분으로 자리매김한 순간, 비로소 유럽 근대성의 진정한 문이 열렸다. 그렇게 신념과 이성이 어우러진 새로운 시대가 소리 없이, 그러나 강렬하게 자리 잡았다.

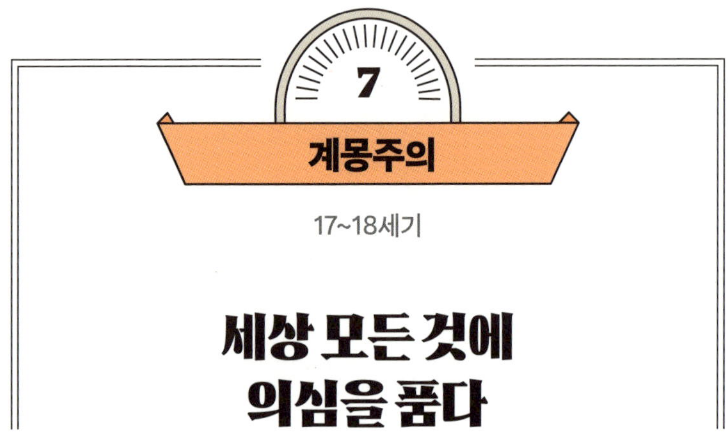

세상 모든 것에 의심을 품다

종교 개혁은 새로운 빛의 등장으로 이어졌다. 바로 이성의 빛, 계몽주의다. 새로운 교파는 신앙의 자유를 주장했고, 이는 이성의 자유, 과학적 탐구, 미신 타파, 합리성으로 이어지며 근대의 시작을 알렸다.

1517년, 마르틴 루터의 대담한 도전은 수 세기 동안 유럽을 하나로 묶어온 종교적 구조를 해체하기 시작했다. 익숙한 믿음의 리듬에 맞춰 삶을 살아온 사람들에게 낯선 신앙을 받아들이는 것은 불안하고 혼란스러운 일이었다. 곳곳에서 종교 전쟁이 발발했고, 유럽은 공포의 소용돌이에 빠져들었다. 그 대표적인 것이 17세기 초에 발생한 30년 전쟁이다. 전쟁은 독일에서만 전체 인구 5분의 2에 해당하는 600만 명의 목숨을 앗아갔다.

이러한 혼란 속에서 세상을 이해하는 본질 자체가 변화하기 시작했다. 종교 전쟁의 후유증이 채 가시지 않고 있을 때, 영국의 작은 마을에서 호기심 많은 청년 아이작 뉴턴은 우주의 신비를 해독하고자 했다. 1666년, 사과나무 아래에서 졸던 뉴턴의 머리에 사과가 떨어졌고, 만유인력의 법칙이 탄생했다. 사람들의 마음을 사로잡기 시작한 것은 이제 교회의 칙령이 아니라 변하지 않는 자연의 법칙이었다.

한편, 영국의 다른 지역에서 존 로크는 자연의 법칙은 정치 현상에도 적용된다고 주장했다. 사회 계약론으로 알려진 그의 생각은 정부가 생명, 자유, 재산과 같은 자연권을 보호하기 위한 국민들의 상호 합의에 의해 비롯되었다는 것이다. 또한 로크는 정부가 이 신성한 계약을 위반할 경우, 국민은 그것을 무너뜨릴 권리가 있다고 주장했다.

프랑스의 철학자 르네 데카르트는 세상을 움직이는 작동 방식을 의심하는 것이 곧 개인의 존재를 발견하는 길이라고 말했다. 사람은 세상의 모든 것에 대해 의심을 품어야 하고, 이 의심을 통해 진리에 도달해야 한다는 것이다. 그는 "나는 생각한다. 그러므로 나는 존재한다"라고 하며 사람은 사고를 통해 자신의 존재를 찾아야 한다고 주장했다.

《뉴턴 철학 원론》의 표지 삽화.
볼테르가 뉴턴의 과학 사상을 대중에게 전하는 과정을 상징적으로 표현했다.

전통에 얽매인 권위에 도전하는 이 선구자들은 인간의 주관성과 자율성이 지배하는 세계를 제시했다. 이 지적 각성은 계몽주의로 알려졌다. 영어로는 '인라이튼먼트Enlightenment', 프랑스어로는 '뤼미에르Lumières'라고 불렸는데, 두 단어 모두 '빛'을 의미한다. 계몽주의자들은 중세 시대의 어둠을 없애기 위해서는 인간의 이성이 빛을 발해야 한다고 주장했다. 그래서 종교적 미신과 무지의 족쇄에서 벗어나 사회와 정치를 포함한 모든 영역에서 경험과 이성에 기반한 새로운 가치와 질서를 구축하고자 했다.

근대는 흔히 계몽주의 시대라 불린다. 인쇄술의 발달과 더불어, 계몽주의는 유럽과 미국 전역에 빠르게 퍼져나갔다. 그것은 강력한 빛을 발하며 새로운 시대의 도래를 알렸고, 과학과 합리성, 미신 타파, 관용이라는 새로운 언어와 개념을 탄생시켰다. 지금의 이 모든 것이 계몽주의가 맺은 열매였다.

신의 자리를 차지한 이성의 힘

계몽주의는 말 그대로 인간의 내면에 빛이 스며들어 세상을 새로운 시각으로 바라보게 하는 사상적 흐름이었다. 그러나 오랜 신앙의 족쇄에 묶여 있던 유럽인들에게 그 빛의 본질

을 꿰뚫어 보는 일은 쉽지 않았다. 인쇄술의 발달로 '계몽'이라는 단어는 순식간에 유럽과 아메리카에 퍼져나갔지만, 그 의미는 지역과 사람에 따라 다르게 해석되었다.

계몽주의에서 두드러진 하나의 공통 개념이 있다면 그것은 바로 '이성'이다. 그래서 계몽주의 시대를 '이성의 시대'라 부르기도 한다. 이성은 르네상스부터 이어진 과학적 발견과 혁신을 다시금 깨닫게 했으며, 그 결과 깨달음의 빛이 세계에 스며들었다. 이는 단순한 추론을 넘어, 모든 이념과 신앙을 비판적으로 분석하고 검증하는 역동적이면서도 성장하는 힘이었다. 사람들은 이성을 통해 보편적이고 변치 않는 가치를 찾아낼 수 있다고 믿었다.

이성은 마법 같았다. 가톨릭교회의 통합이 붕괴되고 새로운 질서가 수립되는 혼란 속에서 사람들은 이 마법이 새로운 질서를 확고하게 확립할 것이라고 믿었다. 합리성은 본질적으로 자연스러운 것으로 간주되었고, 이러한 생각은 과학자들에 의해 강화되었다. 뉴턴은 자연의 법칙이 질서 정연하며 어디에서나 동일하다고 주장했다. 이러한 논의는 자연에 반하는 신앙과 관습을 거부하는 결과로 이어졌고, 사람들은 인위적인 것보다는 자연의 상태를 존중하게 되었다.

과학자들이 주장한 자연법칙은 일반 사회에도 적용되었다. 계몽주의자들에 따르면 그 이전의 사람들은 반자연적 사고를 통해 인간의 자유를 통제했을 뿐만 아니라 자연의 통일성을 깨뜨렸다.

이제 사람들은 인위적이고 조작된 것을 거부하고 자연 상태를 존중하기 시작했다.

앞서 말했듯이 존 로크는 사회와 정치에도 자연법칙이 존재한다고 주장했다. 로크에 따르면, 이러한 자연법칙은 생명, 자유, 재산에 대한 권리이다. 로크는 개인은 신이 부여한 권리를 보호하기 위해 사회적 계약을 통해 정부를 설립하고, 정부는 이러한 권리를 보장해야 하며, 시민은 이러한 권리가 침해될 경우 저항할 권리가 있다고 말했다.

로크에게 자유는 '자신이 하고 싶은 것을 하는 것'을 의미하지 않았다. 로크는 자유가 남용될 경우 방종과 사회적 혼란을 초래할 수 있다고 경고했다. 그러나 개인이 자신의 이성과 의지를 보편적인 자연법칙과 일치시킴으로써 자신의 권리를 지킬 수 있다는 그의 생각은 계몽주의 시대에 사는 사람들에게 강력한 등대 역할을 했다. 무엇보다도 계몽주의가 이성에 중점을 둔 것은 인간이 타고난 능력에 대한 무한한 신뢰와 긍정을 확인시켜 주었다. 사람들은 이제 신의 도움 없이도 자신의 운명을 개척할 수 있다는 자신감을 갖게 되었다. 이것이 계몽주의가 남긴 가장 중요한 정신적 유산이다.

다른 생각도 존중받는
관용의 시대 

계몽주의 시대는 사상가들이 자연, 윤리, 정치 등 다양한 분야에서 새로운 생각을 펼쳤다. 하지만 종교에 관한 문제는 여전히 풀기 어려운 숙제로 남아 있었다. 종교 개혁은 기독교의 여러 파벌을 만들었지만, 그것이 완전한 신앙의 자유를 보장하지는 못했다. 계몽주의 사상가들도 신앙 문제에 대해 서로 다른 의견을 가지고 있었다. 어떤 사상가들은 신앙은 사적인 문제이고 개인의 자유에 맡겨야 한다고 주장했고, 또 다른 사상가들은 합리적인 정부가 신앙의 영역에도 적극적으로 개입해야 한다고 주장했다.

종교 개혁과 그에 따른 전쟁은 종교의 자유를 확대했지만, 동시에 다양한 신학적 이단과 새로운 해석이 넘쳐나는 결과를 낳았다. 개신교 내에서 누가 '올바른 믿음'을 지녔는지를 두고 치열한 논쟁이 이어졌다. 흥미로운 점은 계몽주의자들이 가톨릭보다 개신교를 더 선호했음에도 불구하고, 정작 개신교 내 칼뱅주의에 대해서는 강한 반감을 드러냈다는 사실이다. 계몽주의가 인간 이성의 자율성과 자유로운 사유를 중시한 데 비해, 칼뱅주의는 하나님의 절대 주권과 인간의 전적인 의존을 강조했기 때문이다. 계몽주의자들은 '관용'을 중요한 덕목으로 내세웠지만, 실제로는 자신의 사상을 받아들이는 사람을 '이성적'이라 부르고, 이를 거부하는 사람을 '광신도'라 낙인찍으며 새로운 갈등을 낳기도 했다.

그러나 종교 전쟁에 지친 계몽주의 학자들은 대체로 엄격한 종교 규칙보다 이성과 자유를 중요하게 생각했다. 프랑스의 학자 피에르 벨은 "진리는 계속 변하는 것이므로, 하나의 교리만 옳다고 할 수 없다"라고 말했다. 벨은 세계 어느 곳에서나 서로 다른 의견을 존중해야 한다고 강조했다. 또 다른 프랑스 학자 볼테르도 맹목적인 믿음과 미신이 사회에 해를 끼칠 수 있다고 경고하며, 서로 다른 생각을 존중하는 관용의 중요성을 강조했다.

나는 당신의 사상에 반대한다.
그러나 당신이 사상 때문에 탄압받는다면
나는 당신 편에서 싸울 것이다.

볼테르가 남긴 이 말은 표현과 사상의 자유의 중요성을 강조한 것으로서 근대 민주주의 사상의 중요한 토대가 되었다. 볼테르에게는 타인의 신념과 입장을 존중하고 이해하려는 태도가 관용의 핵심이었다.

계몽주의 사상가들의 영향으로 관용은 이성의 시대를 정의하는 개념으로 서구 사회에 확립되었다. 물론 당시의 관용은 현대 사회에서처럼 종교, 인종, 성별, 성적 지향 등 모든 영역에 적용되는 것은 아니었지만, 서로 다른 가치에 대한 존중을 강조하며 더 나은 사회를 위한 필수적인 개념이 되었다.

계몽주의자들이 살롱에 모여 볼테르의 《중국 고아》를 낭독하는 모습

더 나은 세상, 진보를 향한 열망

　　이성은 관용의 가치를 빛나게 했고, 세상이 더 나아질 거라는 진보에 대한 믿음이 사람들의 인식 속에 박혔다. 프랑스 계몽주의를 대표하는 지식인인 장 르 롱 달랑베르와 드나 디드로가 함께 집필한 《백과전서 Encyclopédie》는 이러한 신념을 증명하는 증거가 되었다. 1751년부터 1772년까지 28권으로 출판된 이 책은 인문 과학 및 예술에 대한 지식을 체계화했다. 저자들은 지적 깨달음이 사회와 도덕의 발전을 가져올 것이며, 이는 곧 인류의 진보로 이어질 것이라고 믿었다.

　　이러한 진보에 대한 신념은 정치 영역에서도 뚜렷하게 드러났다. 유럽의 군주국들은 비록 절대 권력을 포기할 의도는 없었지만, 계몽주의 가치를 적극적으로 수용해 국가의 역량을 강화하려 했다. 이들은 계몽주의를 진보의 상징으로 여기며, 이를 통해 자신의 권위를 더욱 공고히 하려는 전략을 구사했다. 그래서 볼테르나 디드로 같은 계몽주의 사상가들은 프로이센에서 러시아에 이르는 여러 궁정에서 환영받으며 영향력을 행사할 수 있었다.

　　물론 계몽주의자들 사이에서도 진보에 대한 해석이나 접근 방식에는 차이가 있었다. 그러나 이들은 대체로 세상이 점점 더 나아질 것이라는 낙관적인 믿음을 공유했다. 계몽주의가 진보를 가져올 것이라는 철학적·과학적 문헌은 끊임없이 쏟아졌다. 이러한 문헌들은 인간 이성과 과학의 힘을 강조하며, 이것들이 인간 사회의 발전을 가속할 수 있다고 주장했다. 한때 사회 질서의 기반이었던 종교는 이제 진보의 장애물로 여겨졌다. 종교적 교리는 비합리적이며, 과학적 탐구와 인간의 발전을 가로막은 것으로 인식되기 시작했다. 이러한 변화 속에서 계몽주의자들은 인간의 이성과 과학적 사고가 새로운 사회 질서를 이끌어갈 것이라고 믿은 것이다.

정치사상에서도 이 같은 믿음이 깊게 자리 잡았다. 프랑스의 정치 철학자 몽테스키외는 《법의 정신》에서 군주제, 귀족제, 민주제 등 여러 정부 형태를 분석하며, 각 체제에서 시민의 자유를 보호하기 위해 균형과 견제가 어떻게 작동해야 하는지 자세히 탐구했다. 그는 권력 분립이 자유를 지키는 핵심 조건이라고 주장했다. 볼테르는 당시로써는 급진적이었던 표현의 자유를 강하게 옹호하며, 사람들이 자신의 의견을 자유롭게 말할 수 있어야 진정한 사회 발전이 가능하다고 믿었다.

프랑스 혁명이 발발하자 대부분의 계몽주의자는 사회와 정치의 변화를 긍정적으로 바라보았다. 그들은 다양한 관점에서 기존의 권위주의적 정치 체제와 사회 구조를 신랄하게 비판했다. 이러한 생각은 개인의 자유와 평등을 핵심 가치로 내세운 프랑스 혁명의 사상적 기반을 다졌다. 그러나 그들은 혁명의 모든 측면을 무조건적으로 지지하지는 않았다. 일부 사상가들은 혁명의 폭력성

《백과전서》 1772년 판의 머릿그림.
상단 가운데 빛에 둘러싸인 채 서 있는 인물은 진리를 상징한다.

과 극단적인 변화에 대해 우려를 표명하기도 했다.

악이 승리하기 위해 필요한 건 훌륭한 사람들의 침묵이다.

영국의 정치가이며 사상가인 에드먼드 버크의 이 말은 악이 세상에서 승리하는 것을 막기 위해서는 선한 사람들이 행동해야 한다는 의미를 담고 있다. 즉, 불의나 부정이 발생할 때 이를 목격한 사람들이 침묵하거나 무관심하게 행동하면 악이 더욱 기승을 부리게 된다는 경고를 말하고 있다.

버크의 이 경고는 프랑스 혁명 당시 과격했던 계몽주의자들에 대한 것이었다. 버크는 계몽주의가 진보에 너무 집착하면 결국 인간 사회가 혼란에 빠진다고 생각했다. 그는 기존의 사회 제도와 관습이 오랜 경험을 통해 다듬어진 것이며, 이를 무작정 버리고 새로운 것을 추구하는 것은 혼란과 무질서로 이어질 것이라고 경고했다. 버크는 급진적 변화보다는 점진적 개혁을 선호했으며, 사회 안정과 질서를 지키기 위해서 의식 있는 사람들의 행동이 중요함을 강조했다. 버크의 사상은 이후 급진적인 개혁을 반대하는 보수주의의 중요한 이론적 기반이 되었다.

버크는 프랑스 혁명의 이념이 인간의 이성과 개인의 권리를 너무 강조한 나머지, 지나친 자기중심주의가 퍼지게 되었다고 주장했다. 이기주의는 원래 계몽주의가 추구했던 개인주의와는 다르지만, 자유가 개인의 이기적 욕망을 채우는 수단으로 변질되었다는 것이다. 또한 버크는 이성과 진보에 대한 지나친 신뢰가 계몽주의자들이 말하는 관용과 어긋나게, 다른 의견을 억압하고 독선적인 방향으로 나아갈 수 있다고 우려했다.

계몽의 이름을 빌린 독재자들

버크의 이러한 우려는 마침내 프랑스 혁명의 피바람 속에서 현실이 되었다. 프랑스의 정치가 막시밀리앙 로베스피에르는 혁명의 이상을 좇는다는 명목 아래, 그와 같은 혁명 노선을 따르지 않는 수많은 사람을 단두대에서 처형했다. 그의 '공포 정치'는 계몽주의가 낳은 최악의 비극이었다.

프랑스 혁명의 혼란 속에서 나폴레옹은 계몽의 이름을 빌려 독재자로 군림했다. 20세기에 들어서는 독일의 히틀러, 이탈리아의 무솔리니 그리고 중국의 마오쩌둥 같은 독재자들이 계몽이라는 이름 아래 비이성적이고 비인간적인 폭력을 자행했다. 계몽이라는 이름으로 그 기초인 이성과 관용을 포기하는 독재자들의 역설은 역사의 흐름 속에서 반복된 것이다.

인간의 이성과 진보에 대한 확신으로 시작된 계몽은 시대와 환경의 변화에 따라 여러 궤변으로 둔갑하여 비극을 낳고 말았다. 빛이란 그저 비추는 것이지, 길을 안내하지는 않는다. 인간의 욕망과 오만이 그 빛을 가릴 때, 역사는 다시금 어둠에 잠긴다.

왕의 목을
자른 백성들

계몽주의자들이 강조한 자유·이성·평등의 가치는 절대 왕정과 체제의 모순에 지쳐 있던 시민들을 동하게 했다. 사람들은 구체제를 허물고 시민을 위한 국가를 위해 혁명을 일으켰다. 이로써 현대 국가의 기틀인 국민 국가로의 변화가 시작되었다.

18세기 후반은 종종 '혁명의 시기'라고 불린다. 이 시기 사람들은 기존의 권위와 전통에 도전하며 자유를 외쳤다. 미국에서 독립 혁명이 일어났고, 얼마 지나지 않아 프랑스 혁명이 발생했다. 이 두 혁명은 서구의 정치 지형을 뒤흔들었다. 변화의 물결 속에서 사람들은 새로운 시대를 갈망했고, 그 갈망은 역사의 흐름을 바꾸었다.

혁명의 기운은 갑작스럽게 나타난 것이 아니다. 16세기 후반부터 18세기 초반까지 일어난 과학 혁명은 인간의 이성과 경험을 바탕으로 새로운 사고의 문을 열었다. 갈릴레이와 뉴턴, 이 두 거인은 자연 세계가 신의 섭리가 아닌 수학적 법칙으로 설명될 수 있음을 증명했다. 그들의 발견은 인간 중심의 사고를 촉진하고, 신과 왕권을 중심으로 한 중세적 틀에서 사람들을 해방했다.

계몽주의는 이러한 과학적 사고를 더욱 발전시켰다. 인간의 이성과 합리적인 사고를 통해 사회를 개선할 수 있다는 믿음이 더욱 깊어졌고, 전통적인 권위와 교리는 비판의 대상이 되었다. 이로 인해 개인의 자유와 평등을 강조하는 새로운 목소리가 나왔다. 1689년, 로크는 정부의 정당성은 국민의 동의에 기반해야 한다고 주장하며 사회 계약론을 발표했다. 이 이론은 절대 왕정의 정당성을 흔들고 개인의 권리를 강조하는 데 큰 영향을 미쳤다.

로크가 사회 계약론을 발표하기 1년 전, 영국에서 명예혁명이 일어났다. 이 혁명은 단 한 방울의 피도 흘리지 않고 이뤄졌으며, 의회가 왕의 권력을 제한하는 입헌 군주제를 수립하는 계기가 되었다. 로크는 이러한 변화 속에서 정부의 역할과 정당성에 대해 깊이 고민했고, 개인의 권리를 보호하고 정부의 권력을 제한하는 입헌 통치를 이론적으로 지지했다.

그러나 역사 속에서 이론과 실천은 항상 동시에 일어나는 것은 아니다. 과학적 사고의 발전, 계몽주의의 출현, 명예혁명에 의한 정치적 변화는 모두 새로운 질서의 도래를 예고했지만, 대부분의 유럽은 여전히 절대 군주제의 견고한 벽 안에 있었다. 특별한 사건이 발생하지 않는 한, 유럽 정치 지형은 근본적으로 쉽게 흔들리지 않을 터였다.

그런데 그 특별한 사건이 대서양 건너편에서 예기치 않게 발생했다. 미국에서 독립 혁명이 발발하여 군주제가 아닌 민주 공화국이 수립된 것이다. 그리고 그 혁명의 불길은 유럽으로 번졌다. 마침내 세계사의 전환점이 된 프랑스 혁명이 발발했다.

자유의 나라, 미국의 탄생

미국의 독립은 전 세계 민주주의 역사에 깊은 족적을 남겼다. 이는 한 나라의 운명만을 뒤바꾼 사건이 아니었다. 자유와 자결을 향한 열망은 미국의 독립 혁명을 계기로 세계 곳곳으로 확산됐고, 각지의 정치적 지형 또한 크게 변모했다. 유럽이 여전히 왕권이 절대하던 견고한 절대 군주제의 시대였던 반면 미국은 근대사에서 최초로 민주 공화국을 수립한 나라가 되었다.

한때 대영 제국의 변방에 머물렀던 식민지 미국은 혁명 사상의 요람이 되었다. 그 불만의 씨앗은 독립 혁명의 첫 발포가 일어난 매사추세츠의 렉싱턴과 콩코드 두 마을에 닿기 전 이미 뿌려져 있었다.

1763년, 영국은 프랑스와 벌인 7년 전쟁에서 승리하며 북아메리카의 지배적 세력으로 부상했다. 식민지 주민들은 모국의 승리를 축하했지만, 전쟁이 끝난 후 재정적으로 고갈된 대영 제국이 식민지에 세금을 부과하자 환희는 곧 불만으로 바뀌었다. 식민지 주민들은 세금이 자치권과 기본권을 침해한다고 항의했고, 보스턴을 중심으로 저항 운동을 시작했다. 결국 1773년, 보스턴 차 사건이 터졌다. 식민지 주민들은 동인도 회사의 배에서 차 상자를 바다로 던져버렸고, 이에 영국은 강경 대응에 나섰다. 양측의 긴장이 고조되며, 1775년 4월 19일에 보스턴 인근 렉싱턴과 콩코드에서 격렬한 첫 전투가 벌어졌다.

미국 독립 혁명은 단순한 경제적 불만에서 비롯된 사건이 아니었다. 그 밑바닥에는 깊은 이념적 변화가 자리 잡고 있었다. 계몽주의는 혁명의 철학적 토대를 마련했고, 특히 로크의 사회 계약론은 미국 독립의 근본적인 사상적 기반이 되었다. 앞서 살펴본 대로 로크는 정부가 계약을 어기고 국민의 자유와 권리를 억압할 때, 국민은 정당하게 그 정부를 무너뜨릴 권리를 가진다고 주장했다. 이 사상은 혁명의 정당성을 뒷받침하며, 자유를 향한 열망이 전국적으로 퍼져나가게 했다.

보스턴 차 사건(1773)을 묘사한 판화

자유가 아니면 죽음을 달라.

1775년, 변호사이자 정치인이었던 패트릭 헨리가 버지니아 의회에서 외친 이 말은 미국 전역에 울려 퍼졌다. 13개 식민지에 살던 사람들은 자유를 지키기 위해 단결하기 시작했다. 1776년 7월 4일, 독립 선언문이 발표되었다. 이는 독립을 넘어 자유와 평등을 지키기 위한 기초로서 민주주의의 원칙에 기반한 새로운 질서의 선언이었다. 이로 인해 전 세계에 혁명의 불길이 퍼졌고, 자유와 자치라는 새로운 시대 탄생의 초석이 되었다.

독립을 위한 투쟁은 힘든 과정이었다. 전쟁이 시작될 때, 영국군은 압도적인 우위를 점하고 있었다. 그러나 1778년, 혁명군은 새러토가 전투에서 승리했고, 사기가 크게 올랐다. 무엇보다도 이 승리는 프랑스의 태도를 바꿔놓았다. 프랑스는 영국의 오랜 경쟁국이었다. 새러토가 전투에서 승리하자 프랑스는 독립군의 성공 가능성을 확인하고, 미국과 동맹을 맺었다. 이 기세를 몰아 미국과 프랑스 연합군은 1781년 요크타운 전투에서 영국군을 물리쳤다. 이후 1783년 파리에서 평화 조약이 체결되면서 미국은 공식적으로 주권 국가로 인정받았다.

미국의 독립은 세계에 새로운 가능성을 제시했다. 그것은 단순히 한 나라의 독립이 아니었다. 사고의 독립, 인간 정신의 독립이었고, 인간이 자신의 운명을 결정할 수 있다는 것을 보여주었다. 미국의 독립은 민주주의와 자결권의 새로운 시대를 열었고, 많은 나라에 영감을 주었다. 또한 유럽의 절대 군주제의 철통같은 통치를 뒤흔들었고, 남미의 식민지 주민들은 여기에서 용기와 희망을 얻었다.

국민이 나라의
주인이 되다

　　1789년, 미국 독립 전쟁이 불러온 재정 압박은 프랑스를 심각한 위기로 몰아넣었다. 막대한 전쟁 비용을 지원하며 국고가 바닥나자 국가 부채는 눈덩이처럼 불어났다. 이 재정 위기는 사회적 불안을 극에 달하게 했고, 결국 혁명의 불씨가 본격적으로 타오르기 시작했다.

　　프랑스 혁명의 시작은 삼부회 소집이었다. 삼부회는 국왕이 중요한 문제를 논의하기 위해 소집했던 신분제 회의로, 성직자, 귀족, 평민 대표자들로 구성되었다. 100년 만에 소집된 이 회의는 프랑스의 재정 문제를 해결하기 위한 것이었다. 그러나 회의가 진행될수록 기존의 정치 구조로는 어떠한 실질적 개혁도 기대할 수 없다는 사실이 명확해졌다. 귀족 특권을 유지하고 사회적 불평등을 구조화해온 구체제는 오랫동안 일반 백성을 억압했고, 결국 평민들은 더 이상 기존 질서에 기대어 문제를 해결할 수 없다고 판단했다.

　　1789년 7월 14일, 바스티유 감옥 습격은 혁명의 상징적인 사건으로 기록되었다. 이 사건은 혁명가들의 분노와 결의를 보여준 동시에 군주제의 붕괴를 예고하는 분수령이 되었다. 그 여파로 채택된 인권 선언은 국민의 주권과 개인의 자유를 강조하는 선례가

1789년 베르사유에서 개최된 삼부회의 개회식 모습.
비정기적으로 열리는 회의였으나 프랑스 혁명으로 폐지되었다.

되었고, 자유·평등·박애는 평범한 정치적 슬로건이 아니라 억압받는 자와 권리를 박탈당한 자의 정당한 외침이 되었다.

그러나 모든 사람이 이 주장에 동의하지는 않았다. 프랑스의 왕 루이 16세를 조국에 대한 반역죄와 국민에 대한 음모죄로 처형하자는 주장이 터져 나오자 이에 대해 강경파와 온건파 사이에 격렬한 논쟁이 벌어졌다. 강경파는 왕의 참수를 통해서만 국가의 주권과 혁명의 정당성을 확보할 수 있다고 믿었다. 그들에게 왕을 처형한다는 것은 새로운 시작을 의미하는 상징적인 행위였다.

하지만 온건파의 입장은 급진파와 뚜렷하게 달랐다. 그들은 루이 16세의 처형이 지나치게 극단적인 조치라고 보았다. 왕의 목숨을 빼앗는 것은 불필요한 폭력일 뿐 아니라, 협상을 통해 더 평화롭고 안정적인 해결책 모색의 기회를 스스로 차단하는 행위라고 판단했다. 또한 왕의 처형은 혁명파 내 급진적 운동에 힘을 싣고, 사회 전체의 불안정을 가중할 위험이 있었다. 이러한 시각 차이는 혁명파 내부의 갈등을 더욱 깊게 만들었고, 각 정치 세력 간의 대립을 한층 격화시키는 결과를 가져왔다.

여론은 루이 16세의 처형을 찬성하는 쪽으로 기울었다. 결국 1793년 1월 21일, 파리의 혁명 광장(현재 콩코르드 광장)에서 단두대의 칼날에 왕의 목이 잘렸다. 그해 10월, 마리 앙투아네트 왕비도 같은 운명을 맞이했다. 루이 16세의 처형은 프랑스가 공화국으로 전환되는 것을 명확하게 보여주는 사건이었다. 그것은 절대 군주제에 도전하고 새로운 정치 체제의 시작을 선포하며, 프랑스가 더 이상 군주제가 아니라는 것을 세상에 알리는 사건이었다. 이 사건은 혁명 정신을 공고히 하고 더 많은 사람이 공화국의 이상을 지지하게 만들었다.

하지만 이 선택은 외부에 큰 파장을 일으켰다. 유럽의 군주들에게는 명백한 경종이자 위협이었고, 그로 인해 프랑스는 점차 고립되었으며 주변 강대국들과 전쟁의 소용돌이에 휘말렸다. 한순간에 뒤바뀐 유럽의 정치 지형 속에서 국제 관계는 완전히 다른 국면으로 접어들었다.

단두대로 끌려가는 마리 앙투아네트의 모습

공정한 사회를 향한
갈망의 역사 

루이 16세와 마리 앙투아네트의 처형은 프랑스 혁명의 결정적 전환점이었다. 이 사건은 혁명과 반혁명이라는 격렬한 충돌 속에서 새로운 질서를 찾아 나서는 복잡한 여정의 한가운데 서 있었다. 이상과 현실이 극명하게 맞부딪치던 그 순간, 루이 16세의 죽음이 역사의 흐름을 송두리째 뒤바꿨다. 특히, 혁명의 급진성을 한층 심화시켰다. 사회 곳곳에 깊어진 균열 속에서 로베스피에르가 이끄는 자코뱅당은 공포 정치라는 강력한 수단으로 구체제를 흔들어 전면적인 변화를 밀어붙였다. 그 과정에서 수많은 이들이 단두대에 섰고, 대중은 두려움에 휩싸여 숨죽여야만 했다.

공포는 신속하고, 엄격하며, 타협 없이 실행되는 정의의 모습이다.

로베스피에르는 "공포가 미덕이 될 수 있다"고 주장하며, 혼란의 시대에 공포가 혁명의 과업을 완수하는 수단이 될 것이라고 믿었다.

프랑스 혁명은 변화의 도가니였으며, 구시대와 신시대, 억압과 자유가 정면으로 충돌하는 극적인 장이었다. 대립은 혼란을 야기했고, 혼란은 다시금 질서와 안정에 대한 인간의 본능적 욕구를 자극했다. 그 결과 로베스피에르가 주도한 공포 정치가 등장했고, 공포 정치가 종식되자 혼란을 수습할 강력한 권력을 향한 기대가 커졌다. 그 틈을 타 나폴레옹의 독재 정권이 부상한 것이다. 절대 군주제를 무너뜨리고 자유와 평등을 구현하고자 했던 초기 혁명의 열망은 아이러니하게도 역사의 수레바퀴를 다시 권력 집중과 독재의 방향으로 되돌렸다.

하지만 혁명의 진정한 유산은 변하지 않는다. 그것은 더 공정하고 평등한 사회를 향한 인간의 끊임없는 갈망이 역사를 움직인 원동력이라는 점을 보여준다. 프랑스 혁명은 자유와 평등을 향한 여정이 결코 멈춰서는 안 되는 길임을 다시금 일깨웠다. 동시에 혁명 과정에서 드러난 모순과 역설은 중요한 교훈을 남긴다. 아무리 숭고한 이상일지라도 그 가치를 실현하는 과정에서 인간의 욕망과 권력이 비틀리는 순간, 역사는 깊은 상처와 고통을 남길 수 있다는 사실이다.

혁명은 왜 계속되는가?

미국 헌법은 혁명의 불꽃이 만든 시대정신 그 자체다. 현대 민주주의는 미국 헌법 없이는 논할 수 없다. 독립 선언서가 제시한 자유와 평등의 가치를 구체적인 법으로 담아냈다. 권력 분립과 견제, 균형을 통해 개인의 권리를 철저히 보호하는 이 체제는 단순한 국가 문서가 아닌, 전 세계 민주주의의 기준점이 되었다.

프랑스 혁명은 변화에 대한 요구를 더욱 증폭시키고 유럽 전역에 혁명을 일으켰다. 자유·평등·박애에 대한 외침은 구질서를 해체하라는 분명한 요구였다. 절대 군주제와 엄격한 신분 제도로 고통받던 프랑스인들은 출신이 아닌 능력에 따라 운명이 결정되는 사회를 만들기 위해 봉기했다. 프랑스 혁명의 결과로 채택된 인권 선언은 개인의 권리와 국민의 주권을 강조했으며, 이후 많은 국가에서 일어난 인권 운동의 기초가 되었다. 혁명은 또한 봉건주의의 폐지 및 세속 정부의 수립을 촉진함으로써 새로운 사회 질서를 확립했다.

시민의 자유와 평등을 외쳤던 두 혁명은 오늘날 민주주의와 인권이 필수적 가치인 이유와 그것을 지키고 발전시키기 위해 끊임없는 노력이 필요하다는 교훈을 우리에게 일깨운다. 19세기와 20세기 그리고 현재까지도 세계 곳곳에서 수많은 혁명이 일어나는 이유 또한 여기에 있다. 많은 혁명은 미국 혁명과 프랑스 혁명이 남긴 가치와 유산을 되살린다. 어떤 혁명은 미국 혁명처럼 인간의 자유와 헌법적 권리를 강조하고, 또 다른 혁명은 프랑스 혁명처럼 불평등한 사회 구조를 해체하고 새로운 질서를 세우려 한다.

　세계 각지의 혁명들은 미국과 프랑스 혁명의 유산을 저마다의 방식으로 해석하고 적용했다. 라틴아메리카의 독립 운동, 러시아 혁명, 중국 신해혁명 등은 각국의 역사적 조건과 사회적 필요에 따라 그 이상을 재구성했다. 비록 형태와 방향은 달랐지만, 이들 혁명의 지도자들은 자유, 평등, 인권과 같은 보편적 가치를 자신들의 투쟁을 정당화하는 근거로 삼았다. 결국 미국과 프랑스의 혁명은 단순한 과거의 사건을 넘어, 전 세계의 혁명적 변화를 자극하고 정당화하는 상징적 모델로 자리 잡은 셈이다.

기술과 욕망이 뒤섞인 과학의 시대

오늘날의 국가는
어떻게 탄생했을까?

　미국 혁명과 프랑스 혁명은 수많은 사람의 희생으로 국민 국가 체제로의 이행을 이뤄냈다. 나폴레옹은 유럽을 프랑스 지배하에 두고자 하는 욕망으로 많은 전쟁을 일으켰고 결국 패배했지만, 그 과정에서 혁명의 혼란을 정리하고 강력한 중앙집권 체제, 법치주의, 능력주의 등 근대 국가의 기반을 쌓았다.

　오늘날 우리가 너무도 자연스럽게 받아들이는 '국가'의 모습이 근대의 격동 속에서 처음 모습을 갖췄다. 중세를 지탱하던 종교적 권위와 신분 중심 질서가 무너지고, 그 자리를 세속 권력을 중심으로 한 국가 체제가 대신하게 되었다. 국민은 지배의 대상이 아니라 국가 권력의 정당성을 만드는 주권의 주체로 인식되기 시작했다. 법은 특정 계층의 도구가 아니라 모두에게 적용되는 기준이 되었고, 행정·군대·재정이 중앙에서 통합 운영되면서 국가는 하나의 체계적이고 일관된 조직으로 작동하게 되었다.

근대 국가는 대략 15세기 말부터 18세기 말에 형성되기 시작했다. 이 시기에는 르네상스, 종교 개혁, 계몽주의와 같은 여러 혁명이 연이어 일어났다. 특히 베스트팔렌 조약, 프랑스 혁명 그리고 나폴레옹의 등장과 같은 사건들은 근대 국가의 탄생을 이끌어낸 중요한 전환점이었다. 1648년 체결된 베스트팔렌 조약은 30년 전쟁의 참극을 끝내면서 유럽에 주권 국가라는 뚜렷한 원칙을 세웠다. 각 국가가 자신의 영토 안에서 절대적인 권한을 누린다는 이 선언은 중세 봉건적 권력 분산을 종결짓고, 국가들 사이에 새로운 국제 질서를 구축했다.

프랑스 혁명 이후 권력은 이제 국민이 자발적으로 위임하는 것이 되었고, 평등과 자유는 국가 운영의 법적 근간으로 자리 잡았다. 그 혁명의 불씨를 품고 나폴레옹은 정치와 군사에서 그 변화들을 한데 모아 유럽 전역에 퍼뜨렸다. 법전 편찬과 관료제 확립, 중앙 집권 강화는 근대 국가 운영의 뼈대를 튼튼히 했고, 국민 국가의 구체적인 모델을 현실로 만들었다. 그의 시대는 봉건 사회의 흔적을 거의 말끔히 지워내며 국민 전체를 국가 구성의 주체로 끌어올린 결정적인 전환점이었다.

그러나 이러한 국민 국가의 형성은 다른 한편으로 새로운 긴장을 낳았다. 강화된 공동체 의식은 내부 결속을 다지는 힘이 되었지만, 동시에 민족과 국가 사이에 높고 단단한 경계를 세우는 결과를 만들었다. 이 경계는 불신과 경쟁, 갈등의 씨앗이 되었고, 오늘날까지도 국가 간 긴장과 충돌의 근본적 배경으로 남아 있다.

30년 전쟁을 끝낸 베스트팔렌 조약

1517년 마르틴 루터가 이끈 종교 개혁은 유럽 전역을 전쟁으로 몰고 갔다. 1618년부터 1648년까지 지속된 30년 전쟁은 적게는 400만 명, 많게는 1,200만 명의 목숨을 앗아갔다. 유럽 인구의 20%가 사라진, 역사에서 그 유례를 찾을 수 없는 참혹한 종교 전쟁이었다. 전쟁의 중심지였던 신성 로마 제국, 즉 지금의 독일은 적어도 인구의 30%가 사라졌다.

수많은 사상자를 내고 유럽 대륙을 폐허로 만든 후 1648년, 전쟁 당사자들이 신성 로마 제국의 베스트팔렌에 모였다. 그곳에서 전쟁을 종결하는 평화 협상 조약이 체결되었다. 이 조약으로 프랑스와 스웨덴 등 전쟁 승자는 신성 로마 제국 일부와 발트해 연안 영토를 획득했고, 스위스와 네덜란드는 사실상 독립된 주권 국가로 국제적 승인을 받았다. 조약은 신성 로마 제국 황제보다 각 영방 군주의 권한을 중시하며, 각 지역이 자국 영토와 외교에 대해 독자적 권한을 지닌 '주권' 원칙을 굳혔다. 또한, 루터파와 칼뱅파를 포함한 세 종파의 공존을 인정하고 교황의 종교 개입을 제한했다. 이로써 국가 간 평등과 영토 주권, 내정 불간섭을 핵심으로 하는 근대 국제 질서가 시작되었으며, 국제법과 세력 균형 외교의 기초가 마련되었다.

30년 전쟁의 폐허 속에서 새로운 질서가 탄생했다. 무엇보다도, 유럽 역사에서 가장 강력한 왕가 중의 하나였던 합스부르크가의 쇠퇴는 유럽의 정치 지형을 크게 뒤흔들었다.

30년 전쟁 당시 합스부르크가는 크게 오스트리아 합스부르크와 스페인 합스부르크로 나뉘어 있었다. 오스트리아 합스부르크는 신성 로마 제국의 황제 칭호를 계승하고 오스트리아, 헝가리, 보헤미아(오늘날 체코 공화국) 등을 통치했다. 30년 전쟁은 주로 신성 로마 제국 내에서 벌어졌기 때문에 오스트리아 합스부르크는 전쟁의 최대 피해자였다. 그러나 이 전쟁을 통해 이들은 중앙집권 체제를 강화하고 국가적 정체성을 확립했다. 반면 스페인 합스부르크는 30년 전쟁으로 인해 왕실의 영향력이 크게 약화되었다. 특히 베스트팔렌 조약으로 네덜란드 공화국이 스페인으로부터의 독립을 공식적으로 인정받은 것은 스페인이 유럽 질서에서 쇠퇴하는 시작점이 되었다.

베스트팔렌 조약의 비준 모습. 이 조약으로 30년 전쟁이 종결되었다.

30년 전쟁에서 승리를 거둔 프랑스가 스페인의 쇠퇴와 함께 유럽 대륙의 지배 세력으로 부상했다. 잉글랜드는 전쟁에 직접 참여하지는 않았지만, 전쟁의 혼란 속에서 해상 강국으로 부상하기 시작했다. 또한 연방 체제를 통해 강력한 자치 전통을 유지해온 스위스는 베스트팔렌 조약에 따라 독립을 인정받았다. 이처럼 30년 전쟁은 유럽의 정치 지형을 근본적으로 재편하는 데 결정적인 역할을 했다.

또한 베스트팔렌 조약으로 종교의 자유가 인정되었다. 칼뱅주의는 가톨릭, 루터교와 함께 신성 로마 제국 내에서 공식적으로 인정되었고, 개인은 자신의 종교를 선택할 권리를 갖게 되었다. 이전에는 영토의 경계가 모호해서 끊임없이 분쟁이 발생하기도 했는데, 조약이 체결되면서 그런 일이 줄어들었다. 신성 로마 제국의 제후들은 자신의 영토에 대한 완전한 주권을 부여받았기 때문이다. 베스트팔렌 조약은 명확한 국경을 설정함으로써 분쟁의 가능성을 줄이고 국가 간 무역과 교류를 촉진했다. 국경을 존중하는 이 같은 원칙은 오늘날까지 국제법에서 중요한 원칙으로 남아 있다.

베스트팔렌 조약은 주권과 영토 보존의 원칙을 세운 데 그치지 않고, 유럽에서 특정 국가가 지나치게 강대해지는 것을 막는 중요한 목적을 지니고 있었다. 주요 강국들은 어느 한 나라가 대륙을 지배하도록 두어서는 안 된다는 인식에 따라 '세력 균형' 원칙을 확립했다. 이 원칙은 한 국가의 힘이 과도하게 커질 경우 다른 국가들이 연합하여 이를 견제한다는 방식이었다. 완전한 평화를 보장하지는 못했지만, 세력 균형 체제는 장기간 유럽의 상대적 안정을 유지하는 데 크게 기여했고, 어떤 단일 국가도 '유럽의 패권국'으로 군림하지 못하도록 막았다.

종교적 갈등으로 특징지어진 옛 질서는 베스트팔렌 조약에 따라 명확한 지리적 경계와 상호 존중을 기반으로 한 새로운 체제로 대체되었다. 이 조약은 단순히 영토 분쟁을 끝내는 것을 넘어 오늘날 우리가 알고 있는 국가 체제의 기반을 마련했다. 베트스팔렌 조약은 근대 국가의 지리적 경계를 확립했으며, 이후 유럽 외교의 근간이 되었다.

근대 국가 체제의
틀을 갖추다

프랑스 혁명은 낡은 구체제, 즉 앙시앵 레짐을 무너뜨리며 역사의 방향을 완전히 바꿨다. '왕이 곧 국가'라는 절대 군주의 원칙 대신에 '주권은 국민에게 있다'는 새로운 국가의 정당성 원리가 등장했다. 이 변화는 권력이 어디에서 비롯되는지, 국가는 누구를 위해 존재하는지를 근본적으로 묻는 물음이었다. 혁명가들은 국민의 의지를 국가 권력의 토대로 삼아, 국민 주권의 개넘을 확립하며 근대 민주주의 국가의 기초를 세웠다.

혁명은 프랑스 국민의 단결과 공유된 정체성을 강조했다. 하나의 언어와 문화, 역사를 기반으로 '프랑스 국민'이라는 민족적 정체성을 만들었다. 이는 베스트팔렌 체제 이후 여러 나라가 국경과 정체성 문제로 고민하던 상황에서 특별한 의미를 지닌다. 이 민족주의는 외부 위협에 맞서 혁명을 지키는 강력한 힘으로 작용했다. 오스트리아와 프로이센의 침공에 맞서 대규모 징병제가 도입되면서 국민들은 조국을 지키기 위해 자발적으로 무장했다. 국민이 국가를 위해 헌신하는 그 모습을 통해 민족주의는 현대 국민국가 탄생의 정신적 기반이 되었다.

내부적으로 혁명은 중앙집권 국가 체제를 강화했다. 낡은 봉건적 특권과 지방 자치권을 폐지하고, 전국적으로 통일된 행정과 법률, 교육 체계를 도입했다. 권력이 파리에 집중되면서 국가의 효율성과 통제력이 크게 높아졌다. 이는 근대 국가의 전형적 모델인 강력한 중앙집권 국가로 나아가는 결정적 계기가 되었다. 법 앞의 평등도 혁명의 중요한 성과였다. 특정 계급만 누리던 특권과 권리가 폐지되면서, 모든 국민이 법적으로 평등한 '시민권'을 갖게 됐다. 이는 근대 국가를 구성하는 핵심 원리로 자리 잡았다.

프랑스 혁명은 국경을 넘어 대륙 전체를 뒤흔들었다. 그 불꽃은 단순히 한 나라의 정치 체제를 뒤엎는 데 그치지 않았다. 절대군주제와 구체제의 굳건한 벽을 허무는 전율로 퍼져나가며, 유럽

앙시앵 레짐을 풍자하는 만평. 농민이 성직자와 귀족을 업고 있다.
당시 성직자와 귀족은 세금을 내지 않았고, 그 모든 부담은 농민에게 전가되었다.

곳곳에 새로운 바람을 불어넣었다. 독일과 이탈리아, 스페인 같은 뿔뿔이 흩어져 있던 민족들이 민족주의에 눈뜨기 시작했다. 그것은 단결을 넘어, 통일과 독립을 향한 강력한 동력이었다. 동시에 시민 주권과 법 앞의 평등이라는 혁명의 가치는 자유주의 헌법과 공화정으로 꽃피며, 권력이 더 이상 왕이나 귀족의 특권이 아님을 선언했다.

결국, 프랑스 혁명은 그저 정치 체제를 바꾼 혁명만이 아니었다. 그것은 중세 시대의 봉건제와 신분제에 기반한 공동체 개념을 해체하고, 대신 지금 우리가 이해하는 '근대적 국가'라는 개념을 만들어냈다. 국가의 주권은 더는 단 한 사람이나 소수의 손에 있지 않았다. '국민 전체'가 주인으로 자리 잡았고, 국가란 그들의 단결된 정체성과 권리를 토대로 세워져야 한다는 인식이 전 세계로 퍼져나갔다. 그래서 프랑스의 사상가 알렉시 드 토크빌은 프랑스 혁명의 본질을 다음과 같이 규정했다.

프랑스 혁명은 단순한 정치적 사건이 아니라,
새로운 사회 질서의 출현이었다.

토크빌에게 프랑스 혁명은 단순한 왕정의 붕괴가 아니라, 평등을 기반으로 한 법과 행정 체계 그리고 근대 국가의 구조가 본격적으로 형성되기 시작한 결정적 출발점이었다.

하지만 혁명은 이상과 현실 사이에서 갈등을 빚었다. 민족주의와 중앙집권화는 국가 결속을 위한 힘이었지만, 동시에 공포 정치와 독재로 왜곡되기도 했다. 단두대가 상징하듯 혁명은 많은 희생을 낳았고, 자유는 때로 억압받았다. 혁명 정부는 반대파를 무자비하게 탄압했고, 그 결과 정치적 불안정과 폭력이 반복되었다.

그럼에도 불구하고 프랑스 혁명은 국가 본질과 권력 관계를 근본적으로 재정립했다는 점에서 근대 국가 형성에 지대한 영향을 끼쳤다. 국민 주권의 확립, 민족주의의 촉진, 중앙집권적 국가 체제의 구축은 이후 세계 근대 국가들의 공통된 특징이 되었다. 혁명이 초래한 혼란과 희생은 부정할 수 없지만, 그 역사적 전환점은 국가의 새로운 얼굴을 탄생시켰다.

민주주의를 깨운 나폴레옹의 야망

나폴레옹 보나파르트는 프랑스 혁명의 혼란 속에서 등장하여 유럽을 전쟁의 소용돌이로 몰아갔다. 그는 정복 전쟁을 통해 유럽 각국의 낡은 체제를 무너뜨리고, 그 자리에 프랑스 혁명의 이상을 반영한 새로운 통치 시스템을 구축했다. 그는 능력주의를 기반으로 관료를 선발하고, 법 앞의 평등을 구현하는 법전을 편찬했다. 이는 낡은 신분제 사회의 틀을 깨고, 개인의 능력과 노력에 따라 사회적 지위를 획득할 수 있는 가능성을 열어주는 것이었다.

그러나 나폴레옹은 개인적 야망과 민족주의적 열망에 휩싸여서 프랑스의 영광을 추구했다. 그의 방법과 태도는 그가 정복한 국가들에서 저항을 불러일으켰다. 나폴레옹은 프랑스 혁명의 이상을 실현하려 했지만, 아이러니하게도 그의 정복 전쟁은 유럽 전역에서 민족의식 각성을 촉진하는 촉매제 역할을 했다.

스페인 국민은 나폴레옹의 스페인 내정 간섭에 분노했다. 그들은 프랑스 군대에 맞서 게릴라 전투를 벌이며 끈질기게 저항하며 민족의 힘을 결집했다. 프로이센에서도 민족주의 운동이 활발하게 일어났다. 프랑스 군대에 패배하고 굴욕적인 평화 조약을 강요받아 막대한 배상금을 지불해야 했던 프로이센 국민들은 프랑스에 대한 분노로 가득 찼다. 그들은 복수를 꿈꾸며, 독일어를 쓰고, 독일 문화를 공유하는 단일 민족으로서의 정체성을 형성해 나갔다. 이는 향후 독일 통일의 가장 중요한 정신적 밑거름이 되었다. 이탈리아도 예외는 아니었다. 나폴레옹은 이탈리아반도를 점령한 뒤 여러 위성 국가를 설립했고, 이탈리아 국민은 프랑스 통치에 저항하며 통일 운동을 전개했다.

나폴레옹은 뛰어난 군사적 재능으로 수많은 전투에서 승리했지만, 민족주의의 거대한 물결을 막기에는 역부족이었다. 스페인,

알프스산맥을 넘고 있는 나폴레옹의 초상

러시아 등지에서 벌어진 게릴라전은 프랑스군의 발목을 잡았고, 끊임없는 전쟁은 국력을 소모시켰다. 유럽 대륙은 나폴레옹 전쟁으로 인해 피폐해졌고, 수많은 젊은이가 전장에서 목숨을 잃었다.

결국 1815년, 나폴레옹은 워털루 전투에서 패배하며 몰락했고,

유럽은 빈 체제를 통해 이전의 베스트팔렌 조약의 원칙을 소환했다. 즉, 특정 국가가 유럽에서 패권을 잡는 것을 막기 위해 국가 간의 힘의 균형을 유지하려는 세력 균형의 원칙을 다시 확인한 것이다.

나폴레옹의 제국은 사라졌지만, 그의 유산은 유럽 사회에 깊숙이 자리 잡게 되었다. 자유주의와 민족주의는 더욱 확산되었고, 이는 19세기 유럽 역사의 중요한 동력이 되었다. 모순되게도, 나폴레옹은 자신의 패배를 통해 근대 국민 국가의 시대를 연 셈이다.

프랑스 혁명의 이상을 바탕으로 통일된 유럽을 창조하려던 나폴레옹의 야망은 유럽 전역에 민족주의를 확산시켰다. 하지만 민족주의는 양날의 검이 되었다. 공동체 의식을 키우고 국가적 단결을 강화할 수 있었지만, 동시에 배타성과 증오를 키우고 다른 국가에 대한 적대감을 부추겼다. 민족주의는 곧 프랑스 혁명의 이상을 가려버렸다. 민족적 자부심은 오만으로 변모했고, 국가들 사이의 공통된 가치는 잊혔으며, 차이와 분열이 나타나기 시작했다. 나폴레옹의 전쟁은 끝났지만, 민족주의는 또 다른 위험한 불꽃을 일으켰다.

나는 유럽을 단일 국가로 만들 것이다.
그러면 세계는 평화롭고 행복해질 것이다.

나폴레옹은 유럽을 하나로 통일하면, 세상은 평화로워질 것이라고 믿었다. 그러나 그는 결정적인 사실을 간과했다. 유럽의 민족들은 통합이 아니라 각자의 언어와 역사, 문화에 기반한 고유한 운명을 스스로 선택하길 원했다는 점이다. 나폴레옹은 그걸 무시하고 무력으로 밀어붙이려고 했으며, 이는 거센 저항을 불러일으키고 국가 간의 갈등을 더욱 심화시키고 말았다.

돈의 논리 속에
추락한 인권

18세기 중후반 영국에서 시작된 산업 혁명은 인류 역사에서 전례를 찾을 수 없는 변화의 물결을 일으키며 모든 것을 바꾸어 놓았다. 나무와 사람의 손으로 이루어지던 세상은 증기와 기계의 굉음 속으로 빨려 들어갔다. 기계가 사람을 대신했다. 한때 손으로 짰던 천은 이제 기계에 의해 빠르게 쏟아져 나왔다.

도시들은 증기 기관이 내뿜는 연기와 먼지로 뒤덮였고, 농촌의 고요한 삶은 급격히 무너졌다. 사람들은 일자리를 찾아 도시로 이동했고, 이 과정에서 전통적인 가족 구조와 지역 공동체는 빠르게 해체되기 시작했다. 생산 수단이 거대 자본에 집중되고 공장 시스템이 자리 잡으면서 사회는 이전과는 전혀 다른 계급 구조와 경제 질서를 갖추게 되었다. 이러한 변화는 경제에만 머물지 않았다. 인간의 일상, 사회적 관계, 문화, 나아가 정치 체제까지 산업 혁명의 흐름 속에서 모든 것이 재편되었다.

또한, 산업 혁명은 전 세계를 하나로 연결하는 거대한 망을 만들어냈다. 생산력의 증대와 교통수단의 발전은 상품과 자본이 국경을 넘어 바다를 건너고, 육지를 가로질러 자유롭게 이동하는 시대를 열었다. 이전에는 상상할 수 없었던 규모와 속도로 세계 곳곳에서 물건들이 쏟아져 나오며, 시장은 점차 세계적인 네트워크로 확장되었다. 상품과 자본, 사람의 흐름이 끊임없이 교차하는 이 글로벌 무대 위에서 각국은 경쟁과 협력을 반복하며 새로운 질서를 만들어갔다.

산업 혁명은 눈부신 물질적 번영을 불러왔지만, 그 이면에는 점차 깊어지는 인간 내면의 고립과 소외가 숨어 있었다. 기계가 삶의 중심을 차지하고 도시가 거대한 콘크리트 숲으로 변할수록, 사람들은 서로에게서 멀어졌고, 마음 한구석에는 고독과 소외감이 짙게 드리워졌다. 산업 혁명은 기계 문명의 발전과 함께 인간성 자체의 위기를 함께 안겨준 복잡하고도 묘한 이중주였다.

그 와중에 자본주의가 초래한 불평등과 갈등은 새로운 사상들의 등장을 불러왔다. 사회주의와 공산주의는 그 부작용에 맞서 경제적·사회적 정의를 요구했고, 무정부주의는 국가 권력의 정당성 자체를 문제 삼으며 더욱 급진적인 변화를 외쳤다. 이렇듯 산업 혁명은 경제 구조만 뒤바꾼 것이 아니었다. 서로 다른 사회 이념이 충돌하고 재편되는 과정에서 보수와 진보라는 선명한 구분이 생겨났고, 진영 간 갈등은 이전보다 훨씬 격렬해졌다.

그 혼돈 속에서 사람들은 각자의 길을 찾으려 고군분투했다. 산업 혁명은 그렇게 인류 문명의 나아갈 방향에 대해 근본적인 질문을 던진 거대한 전환점으로 남았다. 그 시대의 불확실성과 긴장은 오늘날 우리가 여전히 고민하는 문제들의 근간이 되었다.

세계 산업화의 선두에 선 영국

18세기 초, 영국의 탄광들은 물이 끊임없이 차오르는 문제로 큰 위기에 봉착했다. 깊은 광산에 스며드는 물은 작업을 중단시킬 뿐 아니라 광부들의 목숨까지 위태롭게 만들었다. 이때 토머스 뉴커먼이라는 발명가가 증기 기관의 원리를 활용해 물을 퍼내는 장치를 개발했다. 오늘날 우리가 보기에는 단순하고 원시적인 기계였지만, 당시로서는 획기적인 혁신이었다. '뉴커먼 엔진' 덕분에 광부들은 한층 깊은 곳에서도 안전하게 작업할 수 있게 되었고, 석탄 생산량은 눈에 띄게 증가했다. 산업 혁명의 동력원인 석탄 공급이 원활해지면서, 산업 발전의 물꼬가 트였다. 이어서 제임스 와트가 이를 효율적으로 개량해 '증기 엔진'으로 발전시키며 산업 혁명은 더욱 가속도를 붙였다.

영국이 가장 먼저 산업 혁명을 시작할 수 있었던 원동력은 풍부한 석탄 자원에 있었다. 1500년대 후반 런던의 인구가 급증하며 목재 가격이 폭등하자 석탄은 값싸고 안정적인 에너지원으로 자리 잡았다. 각 가정은 좁은 화덕과 굴뚝을 설치했고, 노섬벌랜드와 더럼, 뉴캐슬 등 주요 산지에서는 석탄 채굴과 해상 운송이 활발해졌다.

석탄은 증기 기관의 핵심 동력이었다. 증기 기관은 광산의 물을 퍼내면서 더 깊이 채굴할 수 있도록 했고, 공장과 교통에 있어서 인간의 노동을 대체했다. 직조기 같은 기계가 돌아가면서 숙련 노동에 의존하던 직물 생산량이 급증했고, 증기로 움직이는 열차와 선박은 사람과 물자의 이동을 전국적·국제적으로 가능하게 했다. 농업 분야에도 탈곡기 등 기계가 도입되어 손노동을 크게 줄였다.

영국이 산업 혁명을 주도할 수 있었던 배경에는 광대한 식민지가 있었다. 인도, 북미, 카리브해 등지의 식민지들로부터 원자재를 확보하고, 그곳을 제조품의 주요 시장으로 삼았다. 식민지에서 얻은 부는 산업 기술 개발과 공장 설립에 재투자되었고, 영국 해군과 법률 체계는 무역을 엄격히 통제해 경쟁국을 견제하며 산업

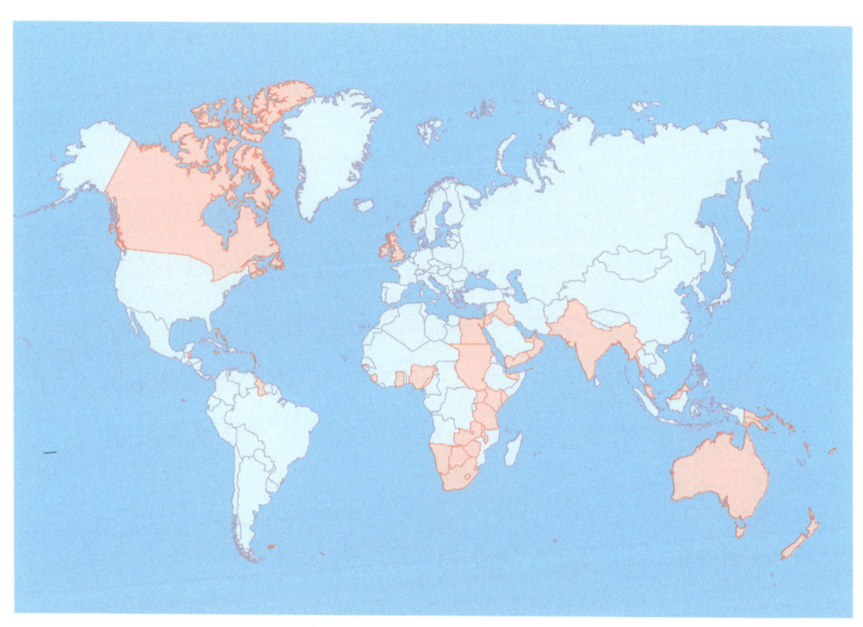

대영 제국의 최대 식민지

경제 성장을 도왔다. 17세기 후반부터 18세기에 걸쳐 대륙 간 무역이 활발해지면서 영국은 제국주의적 힘을 바탕으로 경제적 우위를 확고히 했다.

1688년 명예혁명 이후 영국은 비교적 오랜 기간 정치적 안정을 유지했다. 왕권과 의회의 권력 균형이 확립되면서 내전이나 사회 혼란 없이 국가 운영이 안정되었고, 이는 정부가 산업 발전과 경제 성장에 집중할 여건을 마련했다. 평화로운 시기 덕분에 무역이 활발해졌고, 해외 시장 확대와 상업 자본 축적으로 기업가 정신이 고취되었다. 법률 체계도 정비되어 재산권과 특허권이 강력히 보호받았으며, 이는 발명가와 기업가들이 안전하게 연구 개발에 몰두할 수 있는 환경을 조성했다. 결과적으로 증기 기관과 방적기 같은 기계들은 끊임없이 개선되어 생산 효율을 크게 높였다.

이러한 기술 혁신은 고임금 전문 직업군을 창출했다. 기계 조작, 설계, 관리 등 새로운 직업들이 생겨나면서 노동자들의 소득이 상승했고, 이는 다시 교육 투자로 이어지는 선순환을 낳았다. 부모들은 자녀에게 더 나은 교육을 제공하기 위해 사설 학교와 견습 제도에 적극적으로 참여했고, 덕분에 문해력과 수리력, 기술 숙련도가 사회 전반에 걸쳐 크게 향상되었다.

결국 제조업과 상업을 중심으로 한 경제 구조 속에서 영국인은 높은 수준의 기술과 지식을 갖추게 되었다. 이러한 인적 자본의 축적은 산업 혁명의 성공을 가능케 한 토대였으며, 영국이 세계 산업화의 선두에 설 수 있었던 핵심 이유 중 하나로 꼽힌다.

매일 열두 시간 이상 기계 곁에 선 사람들

산업 혁명은 생산의 방식을 근본부터 뒤바꿔 인류의 생산성을 비약적으로 끌어올렸다. 특히 방적기는 실을 뽑고

직물을 짜는 과정을 혁신적으로 줄였다. 산업 혁명 이전 한 사람이 하루에 만들던 면직물의 양은 극히 제한적이었지만, 기계의 도입으로 그 생산량은 수십 배로 늘어났다. 면직물의 공급이 폭발적으로 증가하면서 자연스레 가격은 크게 하락했다. 그 결과 질 좋은 면직물을 저렴하게 손에 넣을 수 있게 된 소비자들은 생활의 질을 한층 높일 수 있었다.

이 변화는 사회 구조와 도시화에도 깊은 영향을 미쳤다. 농업 중심의 사회가 공업 중심으로 전환되면서 농촌의 인구가 대거 도시로 흘러들었다. 공장과 산업 시설이 도시에 밀집하며 새로운 일자리가 만들어졌고, 도시 인구는 급격히 늘어났다. 인구 증가는 교육 기관과 의료 시설, 교통망 같은 사회 기반 시설의 발전을 촉진했다. 노동자 계층과 중산층의 부상은 사회 구조를 변화시키며 민주주의와 시민권 확대의 토대를 닦았다.

산업 혁명은 기술, 교통, 통신 분야에도 커다란 혁신을 가져왔다. 증기 기관차와 증기선은 장거리 이동을 빠르고 효율적으로 만들었고, 무역과 물류를 활성화시켰다. 전신과 전화 같은 통신 기술의 발전은 정보 전달 속도를 비약적으로 높여 경제 활동과 사회적 교류를 촉진했다. 이러한 기술적 진보는 오늘날 우리가 누리는 현대 문명의 기반이 되었다.

하지만 그 이면에는 어둠이 짙게 드리워졌다. 도시로 몰려든 사람들은 점점 빽빽해지는 골목과 눅눅한 주택에 갇혔다. 하수가

1908년 미국의 한 방적 공장에서 일하는 아동 노동자의 모습

막히고, 전염병이 번졌다. 사람들은 숨조차 제대로 쉴 수 없는 공간에서 하루 열두 시간, 때로는 열여섯 시간씩 기계 곁에 섰다. 쉬는 시간은 거의 없었고, 기계 사고로 인한 부상과 죽음도 빈번했다. 노동자들은 불평등과 착취 속에 삶의 밑바닥을 헤맸다.

아이들 역시 노동 현장에 투입되어, 성인보다 적은 임금을 받으며 고된 노동에 시달렸다. 1845년에 발표된 덴마크 작가 한스 크리스티안 안데르센의 소설《성냥팔이 소녀》는 산업 혁명 시대의 사회적 현실을 상징적으로 드러낸 이야기이다. 산업 혁명으로 급격한 도시화와 기계화가 진행되면서, 농촌에서 도시로 몰려든 노동자 계층은 극심한 빈곤과 사회적 소외를 겪었다.

누구든지 나와 함께 가주겠니? 추워서 너무 힘들어.

소녀가 성냥을 팔며 추운 겨울 거리를 헤매며 던진 이 말은 산업 혁명이 가져온 물질적 풍요 뒤에 감춰진 인간 소외와 비극을 은유하는 대목이다. 또한, 소녀가 성냥불을 켤 때마다 나타나는 환상들은 현실의 고통을 잠시 잊게 하는 위안이자, 인간 본연의 희망과 꿈을 상징한다. 하지만 이 환상들도 결국 현실 앞에서 무너지고, 소녀는 죽음으로 내몰린다. '성냥팔이 소녀'는 산업 혁명이라는 거대한 변화 속에서 사회적 약자들이 겪는 절망과 고통 그리고 그 안에 숨겨진 인간애와 희망의 부재를 상징하고 있다.

또한 산업화는 환경에 회복하기 어려운 상처를 남겼다. 거대한 석탄 보일러가 쉬지 않고 돌아가며 검은 연기가 도시 하늘을 짙게 뒤덮었고, 런던과 피츠버그 같은 산업 도시들은 끊임없는 스모그에 갇혔다. 강과 호수는 공장들이 내뿜는 폐수와 각종 쓰레기로 물들었는데, 예컨대 영국의 템스강은 수십 년간 오염이 심해져 악취가 풍기고 부패물이 넘쳐났다. 이런 환경 오염은 식수와 생활 공간의 질을 크게 떨어뜨렸고, 주민들의 건강에 직접적인 타격을 입혔다. 실제로 산업화가 진행된 도시들에서는 천식, 폐렴, 결핵

1888년 열악한 노동 조건에 항의해 파업에 나선 성냥 공장 여성 노동자들

같은 호흡기 질환이 급격히 늘었으며, 어린이와 노약자가 특히 심각한 피해를 입었다. 산업화가 불러온 경제적 성장 뒤에 숨은 그림자는 바로 이처럼 고통받는 사람들과 망가진 자연이었다.

산업 혁명은 새로운 계급을 만들었다. 자본가와 노동자, 두 세계로 갈라지고 그 사이에는 넘기 어려운 벽이 세워졌다. 부르주아지는 교육과 생활 수준, 정치적 권력에서 큰 특혜를 누리며 자신들의 이익을 지키려 했고, 노동자 계급은 불안정한 고용과 저임금, 열악한 주거 환경 속에 갇혀 사회적 이동성도 극히 제한되었다. 이런 환경에서 노동자들의 투쟁은 사회를 뒤흔들었고, 변화의 불씨가 되었지만, 그 변화는 험난한 길을 거쳐야 했다. 산업 혁명은 이처럼 빛과 그림자를 한꺼번에 세상에 내던졌다.

자본주의의 모순 속에 싹트는 사회주의

산업 혁명은 새로운 지배 계급, 자본가를 탄생시켰다. 그들은 공장을 세우고 기계를 돌려 막대한 부를 축적했다. 반면, 노동자들은 낮은 임금과 끊임없는 노동 그리고 위험한 작업 환경으로 내몰렸다. 이 모순은 산업 혁명을 겪은 모든 나라에서 피할 수 없는 현실로 자리 잡았다. '가진 자'와 '가지지 못한 자' 사이의 갈등과 대립이 곳곳에서 불타올랐다.

1776년, 애덤 스미스가 《국부론》을 세상에 내놓았다. 산업 혁명의 한가운데서 그는 시장의 '보이지 않는 손'을 이야기하며, 개인의 이익 추구가 결국 사회 전체의 부를 키운다고 주장했다. 스미스는 자유 경쟁과 이윤 추구를 긍정하면서도 정부의 적절한 개입을 강조했지만, 그의 이론은 점차 산업 자본가들의 입장을 두둔하는 보수적 경제학으로 자리매김했다.

산업 혁명은 자본주의의 뿌리를 깊게 내리게 했다. 기계화로 대량 생산이 가능해졌지만, 노동자들의 삶은 크게 나아지지 않았다. 긴 노동 시간, 낮은 임금, 위험천만한 작업 환경은 자본가들의 번영 뒤에 가려진 어두운 이면이었다. 이런 현실은 자본주의가 만들어낸 불평등과 착취를 적나라하게 드러냈다.

자본은 자기 자신을 불리는 가치이다.

1867년 출판된《자본론》에서 독일의 카를 마르크스는 자본을 단순한 돈이나 재산 그 자체가 아니라, 더 많은 가치를 만들어내기 위해 움직이는 가치라고 정의했다. 마르크스는 자본주의가 '더 많은 가치를 만들어내려는' 자본가들이 노동자의 노동력을 착취해 부를 축적하는 체제라고 비판했다. 이러한 불평등이 계급 갈등의 근원이며, 결국 노동자 혁명을 통해 계급 없는 사회로 나아가야 한다고 주장했다. 이 사상은 사회주의 이론의 토대가 되었고, 나아가 공산주의 이론의 교과서가 되었다.

사회주의는 개인의 이익을 넘어서 공동체의 이익과 평등을 핵심 가치로 내세운다. 부의 분배가 공정하게 이뤄지도록 정부가 적극적으로 나서 개입하는 체제를 추구하며, 이를 통해 사회적 불평등을 줄이고자 한다. 한편, 공산주의는 사회주의의 완성형이라 할 수 있는데, 모든 생산 수단과 자원이 철저히 공동 소유되며, 국가와 계급이 완전히 사라진 진정한 평등 사회를 이상으로 꿈꾼다. 간단히 말해, 자본주의는 개인과 시장에 맡기고, 사회주의는 사회와 정부가 조율하며, 공산주의는 완전한 공동 소유와 평등을 향해 나아간다.

산업 혁명은 단순한 기술 혁신을 넘어, 자본주의의 모순을 드러내고 사회주의 운동의 씨앗이 되었다. 노동자의 권리와 평등을 외치는 목소리가 커지면서 19세기와 20세기 초 노동 운동과 정치 변혁의 불꽃이 타올랐다. 노동자들은 정치적 발언권과 복지, 참정권을 요구했다. 이에 대해 보수 세력은 기존 질서의 유지를 외쳤고, 진보 세력은 개혁과 혁신을 밀어붙였다. 영국의 선거법 개정, 노동조합 탄생, 사회 복지법 도입은 이런 투쟁의 산물이었다.

산업 혁명은 기계의 혁신만이 아니라, 새로운 사회 계급과 경제 체제를 세우고 정치적 이념 갈등을 불러온 시대였다. 오늘날 우리가 겪는 수많은 사회적 갈등과 구조적 변화의 뿌리 역시 바로 이 산업 혁명에서 비롯되었다.

침략의 명분이 된 다윈의 이론

19세기 초, 산업 혁명으로 세상이 뒤바뀌던 시기에 영국에서 혁명적인 이론이 발표되었다. 다윈의 진화론이었다. 진화론은 당시 정치·사회적 분위기 속에서 열강의 식민 지배 야욕에 의해 변질되어 그들이 자행한 차별과 착취의 근거가 되었다.

1831년, 찰스 다윈은 영국의 해군함 비글호에 몸을 실었다. 그가 떠난 바다는 남아메리카의 거친 해안과 수많은 섬이 얽힌 곳이었다. 5년 동안 그는 그곳의 자연환경을 세밀하게 살폈다. 특히 갈라파고스 제도에 서식하는 핀치들은 그의 눈길을 사로잡았다. 부리 하나하나가 다르고, 그 모양과 크기는 그들이 먹는 먹이에 맞게 빚어져 있었다. 그 새들이 말해주는 것은 명확했다. '종'이란 고정된 것이 아니라 끊임없이 변하고, 환경에 따라 조금씩 달라진다는 것이다. 남아메리카 대륙에서 만난 화석들, 오래전 사라진 거대한 생명들의 자취 역시 그 사실을 뒷받침했다. 그는 남아메리카 대륙에서 발견한 멸종된 대형 동물들의 화석이 현재 살아 있는 유사한 종들과 닮았다는 사실을 확인하고, 과거와 현재 생물 사이에 진화적 연속성이 존재한다는 중요한 증거를 확보했다.

영국으로 돌아온 다윈은 서두르지 않았다. 그는 자신의 발견을 곧바로 발표하지 않고, 한 단계씩 조심스럽게 증거를 쌓아갔다. 사람들이 일부러 동물의 좋은 점만 골라 키운다는 것도 살펴봤다.

갈라파고스 제도에 서식하는 푸른발얼가니새.
다윈의 진화론을 뒷받침하는 생물종 중 하나이다.

이걸 '인공 선택'이라고 하는데, 다윈은 자연에서도 비슷한 일이 일어난다고 생각했다. 즉, 자연이라는 거대한 무대 위에서 먹이, 기후, 경쟁 같은 환경 압력이 생명체의 특성을 서서히 바꿔나간다는 확신이었다. 그렇게 오랜 세월 동안 자료를 모으고, 주변 학자들과 의견을 교환하며 이론을 다듬은 끝에 1859년, 마침내《종의 기원》이라는 책을 세상에 내놓았다. 그 책은 생명의 변화를 설명하는 새로운 눈이자, 현대 생물학의 출발점이 되었다.

《종의 기원》은 평범한 과학서가 아니었다. 인간과 생명, 자연에 대한 기존의 생각을 완전히 뒤흔드는 혁명이었다. 이전까지는 '종'이 신의 손길로 고정된 것이라 믿었다. 자연의 법칙 아래, 생명은 끊임없이 변하고 적응하며 살아남는다는 다윈의 이론은 책이 출간됨과 동시에 세상을 흔들었다.

인간이 동물과 조상을 나눈다는 주장은 종교와 전통을 건드렸다. 보수적인 이들은 다윈을 공격했고, 그의 이론은 엄청난 비판을 받았다. 이 책은 과학과 종교의 충돌을 불러왔지만, 동시에 새로운 세계관의 문을 열었다. 진화는 거부되기도 했지만, 증거를 바탕으로 세상을 이해하려는 노력도 함께 시작되었다.《종의 기원》은 인간이 생명을 이해하는 방식을 근본적으로 바꾸었고, 생물학이 과학으로 자리 잡는 데 큰 역할을 했다.

다윈의 진화론은 단지 생물학에 머물지 않고, 철학과 사회, 윤리까지 빠른 속도로 그 영향력을 뻗쳤다. 그 결과 인간 본성, 도덕

'존경받는 오랑우탄'
1871년 영국 잡지 〈더 호넷〉에 실린 다윈을 원숭이에 빗대 풍자한 만평.

성, 사회 구조에 대한 진화적 이해가 확대되었다.

다윈의 진화론은 일부에 의해 왜곡되어 사회적 다윈주의라는 이데올로기로 변질되었다. 그 대표적 현상이 사회진화론의 등장이다. 이 이론은 다윈의 자연 선택 개념을 인간 사회에 적용하며, 동물 세계의 '적자생존'이 사회에서도 불변의 법칙이라 주장했다. 즉, 가장 유능한 자들이 사회의 주도권을 잡는 것은 자연스러운 질서라는 논리였다. 《종의 기원》이 산업 혁명이 한창이던 시기에 세상에 나오면서, 급변하는 사회 구조와 심화되는 경제적 격차를 설명하는 데 사회진화론은 그럴듯한 설득력을 얻었다.

자연 선택설, 시대정신이 되다

수 세기 동안 서양 사상은 창조론이라는 굳건한 이론에 기대어 있었다. 모든 생명체가 완전한 형태로 신성하게 창조되어 변하지 않는다는 믿음은 종교적 교리와 긴밀히 결합되어 있었다. 이 신념은 단순한 종교적 교리를 넘어, 세계관과 자연관의 기초가 되는 절대적인 진리로 간주되었다.

그런데 19세기 중반, 다윈은 이 견고한 틀을 뒤흔드는 혁명적 통찰을 제시했다. 사상의 핵심은 바로 '자연 선택'이라는 개념이었다. 다윈은 같은 종 안에서도 개체마다 유전 가능한 차이가 존재하며, 그중 환경에 가장 적합한 개체가 더 오래 살아남고 더 많이 번식한다고 보았다. 이렇게 생존과 번식의 차이가 누적되면, 유리한 특성은 세대를 거쳐 종 전체에 퍼지게 되고, 결국 완전히 새로운 종이 나타날 수 있다는 것이다.

다윈이《종의 기원》을 발표하던 19세기 중반, 영국은 산업 혁명으로 인해 사회의 기초가 통째로 재편되고 있었다. 기술 발전과 과학적 사고의 확산은 세계를 바라보는 방식을 크게 바꿔 놓았다. 자연은 더 이상 신비로운 창조의 결과로만 받아들여지지 않았고, 기계처럼 일정한 법칙과 원리에 따라 움직이는 체계로 이해되기 시작했다. 이러한 지적 환경은 자연 현상 역시 과학적으로 설명될 수 있다는 기대를 만들었고, 그 흐름 속에서 다윈의 '자연 선택' 이론은 자연이 정적이지 않고 끊임없이 변화한다는 사실을 설득력 있게 증명하며 폭발적인 반향을 일으켰다.

산업 혁명은 사회 구조 역시 극적으로 뒤바꾸었다. 농업 중심 사회에서 공업 중심 도시 사회로의 전환은 노동자 계급의 급증과 빈부 격차의 확대를 불러왔다. 자본가와 노동자 간의 경쟁과 갈등이 일상이 된 사회에서, '경쟁'과 '생존을 위한 투쟁'이라는 관념은 사람들의 사고방식 깊숙이 스며들었다. 이러한 현실은 자연계에서도 유사한 원리가 작동한다는 다윈의 설명을 더 쉽게 받아들이도록 만들었다. 그 결과, 자연 선택 이론은 생명체의 변화를 설명하는 생물학적 틀을 넘어, 당시 사회 경제적 환경과 맞물려 하나의 시대정신처럼 널리 퍼져나갔다.

가난한 자는 열등하다는 낙인

다윈이 자연에서 생명체들이 어떻게 변하고 적응하는지를 밝혀낼 때, 그의 이론은 생물학에 해당하는 문제였다. 하지만 그 이론은 곧 사회라는 복잡한 거대한 조직에도 적용되었다. 이때 등장한 것이 사회진화론이다. 영국의 철학자 허버트 스펜서는 사회를 하나의 살아 있는 유기체로 보았다. 각 구성원은 서로 맞물려 돌아가며, 약한 것은 도태되고 강한 것은 번성하는 자연의 법칙이 사회에도 적용된다고 믿었다. 즉, 적자생존이 자연의 법칙이자 사회의 법칙이라는 것이다. 그는 다윈의 '자연 선택'이라는 단어를 빌려와 개인과 집단의 성공과 실패를 자연의 섭리처럼 설명했다. 이런 생각은 당시 번성하던 자유방임주의와 맞물려 정부의 개입을 복지 정책을 방해하는 것으로 간주하여 최소화해야 한다고 보았다.

19세기 영국은 산업 혁명의 한복판에 있었다. 공장 굴뚝에서 피어오르는 연기가 하늘을 뒤덮고, 도시의 거리는 인파로 넘쳐났다. 부와 빈곤이 극명하게 갈렸고, 사회 문제들이 끊임없이 모습을 드러냈다. 그런 혼돈 속에서 스펜서의 사회진화론은 사람들의 마음에 와닿았다. 급변하는 세상에서 '왜 이렇게 될 수밖에 없나'를 자연의 법칙으로 설명해 주었기 때문이다.

사회진화론은 대서양을 건너 미국에서도 인기를 얻었다. 미국의 사회학자 윌리엄 그레이엄 섬너는 미국의 급속한 산업화와 도시화 속에서 사회진화론을 재해석했다. 그는 미국 사회를 하나의 유기체로 보고, 적자생존 법칙에 따라 사회가 점차 발전한다고 봤다. 하지만 섬너의 이론은 힘 있는 자의 부와 권력 획득을 옹호하고, 정부의 사회 복지 정책을 막는 데 악용되기도 했다. 이런 상황 속에서 성공한 이는 '적자適者'로, 가난한 이는 '열등한 존재'로 낙인찍혔다. 복지 정책과 빈민 지원은 자연의 질서를 흐리는 불필요한 간섭으로 치부됐다. 미국의 개인주의와 자유주의는 섬너의 사회진화론과 결합하며 '개인의 책임'이라는 가치관이 한층 단단해졌다.

사회진화론은 가진 자의 논리를 정당화하며, 약자를 향한 냉담함과 배제를 교묘히 은폐했다. 인간을 단순한 생물학적 존재로 축소하는 시선은 사회의 복잡성과 개인의 선택을 무시했다. 빈곤층은 '사회적 낙인'에 갇히고, 복지와 자선은 '자연 질서에 대한 도전'으로 배척당했다. 그 빈자리는 냉혹한 자유방임 자본주의가 채웠다.

법과 정의의 이름으로 자행되는 독재보다 더 악랄한 독재는 없다.

섬너의 이 말은, 사회적 약자를 보호한다는 이름으로 정부가 행하는 간섭과 통제를 강력히 비판하는 메시지를 담고 있다. 사회진화론자들은 개인의 자유와 자유방임주의를 가장 자연스러운 질서로 보았으며, 이를 통해 사회와 국가가 진정한 번영을 이룰 수 있다고 믿었던 것이다.

그런데 다윈은 자신의 이론이 사회적 불평등과 차별을 옹호하는 도구로 활용되는 것을 강력히 거부했다. '생존 경쟁에서 가장 적합한 자가 살아남는다'는 말, 즉 적자생존이라는 표현은 사실 다윈이 직접 만든 것이 아니라 스펜서가 붙인 이름이다. 다윈은 인간을 단순히 경쟁하는 존재로 보지 않았다. 오히려 협력과 연민으로 공동체를 이루는 존재로 이해했다. 그는 무자비한 경쟁이 아니라, 약자를 돌보는 것이 인류 발전에 더 긍정적임을 분명히 했다. 자연 선택은 과학적 사실일 뿐, 도덕적이나 정치적 잣대로 삼아선 안 된다고 경고한 것이다.

그럼에도 불구하고, 사회진화론은 시대의 흐름 속에서 탄생할 수밖에 없었다. 산업 혁명이 몰고 온 급격한 사회 변화와 경제적 불평등이 배경이었다. 부유한 자본가와 가난한 노동자의 격차가 점점 커졌다. 이 생각은 복지 정책과 자선 사업에 반대하는 논리로 활용됐다. 특히 미국은 수많은 이민자가 몰려들며 '기회의 땅'

이 되었다. 누구나 노력만 하면 성공할 수 있다는 믿음이 퍼졌고, 이 믿음은 사회진화론과 맞닿아 자연스럽고 설득력 있는 이론으로 자리했다.

결국 사회진화론은 다윈이 의도하지 않은 방향으로 변질되어 시대의 불안과 변화 그리고 권력과 이익을 둘러싼 복잡한 현실 속에서 굳건히 자리를 잡았다. 그 이면에는 인간에 대한 깊은 이해보다는 편리한 해석과 차별의 논리가 숨어 있었다. 그리고 그 역사는 오늘날에도 여전히 우리 사회에 그림자를 드리우고 있다.

과학의 이름으로 포장된 차별과 폭력

우생학은 사회진화론의 연장선에서 발전한 개념으로, 인간 사회에 진화 이론을 적용하는 과정에서 탄생했다. 그것은 진화의 법칙을 인간 사회에 대입하려는 욕망이었고, 그 욕망은 곧 '우수한 유전자'를 가려내고 '열등한 유전자'를 걸러내려는 시도로 구체화되었다. 이들은 생식의 통제라는 이름 아래, 자신들이 판단한 '열등함'을 다음 세대로 넘기지 않으려 했다.

19세기 말에서 20세기 초, 영국과 미국, 독일에서는 우생학자들이 등장해 이 흐름을 주도했다. 다윈의 사촌인 영국의 유전학자 프랜시스 골턴은 우생학의 창시자로 불렸다. 그는 인간의 유전자를 '개선'하는 것이 가능하다고 믿었고, 이를 위해 좋은 유전자를 가진 이들의 번식을 권장하고 나쁜 유전자는 억제해야 한다고 주장했다. 그는 우생학을 과학의 이름으로 포장하며, 사회가 개입해 인류를 '질적으로' 향상시켜야 한다고 믿었다.

미국에서는 이런 생각이 더욱 확산되었다. 빈곤층, 이민자, 정신 질환자, 장애인 같은 이들이 열등한 유전자를 지닌 집단으로 취급되었다. 사람들은 그들을 사회의 부담으로 간주하며, 번식을 막아야 한다고 주장했다. 빈곤과 사회 문제의 원인을 개인의 유전적 결함으로 돌리는 이 시각은 미국 사회에 깊게 뿌리내렸다. 각 주에서는 강제불임법이 잇따라 제정되었고, 수많은 사람이 자신의 의사와 상관없이 불임 수술을 당했다. 우생학은 단순한 과학 이론을 넘어 법과 정책 속에 깊숙이 스며들어, 오랜 시간 인권을 짓밟았다.

독일에서도 우생학은 빠르게 퍼져나갔다. 나폴레옹 전쟁이 끝난 뒤, 근대 국가라는 새로운 정치적 틀 속에서 급격히 재편되기 시작했던 중심에 독일이 있었다. 여러 개별 국가들이 하나로 묶이면서 '민족'과 '국가'라는 개념이 그 어느 때보다 강렬하게 떠올랐다. 이 시기 민족주의는 단순한 문화적 자부심을 넘어, '민족의 순수성과 힘'을 내세우는 강력한 정치적 원동력으로 발전했다. 그 흐름 속에서 우생학은 '국가와 민족의 생물학적 향상'을 내세우며 빠르게 몸집을 불렸다. 국민 각자의 유전적 '질'을 높여 근대 국가의 경쟁력을 강화하고, 민족의 '순수성'을 지키려는 시도였다. 결국 우생학은 근대 국가가 스스로의 생물학적 정체성을 구축하는 데 있어 빼놓을 수 없는 이념적 토대가 되었다.

1890년대부터 우생학 연구소와 학회가 설립되었고, 유전적 개선을 목표로 국가주의적·민족주의적 프로젝트가 성행했다. 사회적·인종적 순수성을 강조하며, 열등한 유전자를 가진 사람들을 가려내 배제하는 정책이 적극적으로 추진되었다. 특히 유대인 같은 소수 민족이 사회적·생물학적 위협으로 낙인찍혔다.

인류의 건강과 품종을 개선하기 위해 유전적 순수성을 유지하고 열등한 형질을 제거해야 한다.

독일 우생학의 선구자로 불리는 앨프리드 플뢰츠가 던진 이 말은 당시 우생학 운동의 핵심 목표를 담고 있다. 그는 인류가 가진 유전적 특성 중에서 '좋은' 형질은 유지하거나 강화하고, '나쁜' 형질은 없애서 인류 전체의 건강과 능력을 향상시키자는 생각이었다. 플뢰츠의 말은 단순히 과학적 개선을 말하는 것 같지만, 실제로는 우생학이 특정 집단을 우대하고 다른 집단을 억압하거나 배제하는 차별적·정치적 이데올로기로 작용했음을 의미한다.

인류의 다양성과 존엄성을 무시한 채, '우생학적 개선'이라는 이름 아래 인간의 권리를 침해한 플뢰츠와 독일 우생학자들의 논리는 훗날 나치가 집권한 후 극단으로 치달았다. 1933년 '강제불임법'이 시행되며 수십만 명이 강제로 불임 수술을 받았고, 이어 유대인과 비非아리아인에 대한 잔혹한 인종 청소가 자행되었다. 우생학은 독일 사회와 과학이 결합해 빚어낸 비극의 중심에 서 있었다. 과학의 이름으로 포장된 차별과 폭력이 거대한 인권 유린으

1937년 나치 인종 사무국에서 발행한 월간지 〈새로운 민족〉 홍보 포스터.
"이 유전 질환자를 위해 사회가 6만 마르크를 지불합니다. 동지여, 이는 당신의 돈이기도 합니다."

로 이어진 것, 그 참혹함은 지금도 깊은 상처로 남아 있다.

찰스 다윈의 진화론은 본래 생물 종의 다양성과 자연 선택 과정을 설명하는 순수한 과학적 이론이었다. 그러나 산업 혁명이 촉발한 사회적 격변과 혼돈의 시기 속에서, 지배 계급은 이 이론을 자신의 권력과 사회 질서를 정당화하는 수단으로 왜곡하여 사회 진화론이라는 이름으로 발전시켰다. 이러한 왜곡은 우생학과 결합되며 국가주의와 민족주의의 불길을 부채질하였고, 나아가 제국주의의 잔혹한 침략과 지배를 합리화하는 이데올로기로 전락하고 말았다.

식민지 건설에 중독된 강대국들

산업 혁명이 몰아치자 공장이 우후죽순처럼 솟아올랐다. 쇠바퀴가 쉬지 않고 돌았고, 증기와 불꽃이 하늘 높이 치솟으면서 생산이 빠르게 늘어났다. 그렇게 자본주의가 숨 가쁘게 성장했다. 자본주의가 번성하자 욕망도 덩달아 타올랐다. 시장과 욕망을 향한 갈망이 불길처럼 번졌다. 그 불길은 '신제국주의'를 불러냈다. 유럽의 열강들이 경쟁적으로 아프리카와 아시아 땅에 발을 뻗었다. 정치와 경제, 군사력을 동원해 그 땅들을 식민지화했다. 세계는 '먹는 자'와 '먹히는 자'로 나뉘어지는 냉혹한 동물의 왕국으로 변모했다.

다윈의 진화론은 뒤틀려 사회진화론으로 변했다. 적자생존이라는 법칙이 세상에 퍼지더니, 강한 자만이 살아남는다는 믿음이 사람들을 지배했다.

이 흐름 속에서 우생학은 과학의 외양을 쓴 채 등장했다. 인간을 개량할 수 있다는 환상을 제공하며 사람들을 선천적으로 가치 있는 존재와 가치 없는 존재로 나누었다. 이는 국가적·민족적 욕망을 정당화하는 데 동원된 이념적 무기였다.

유럽 열강은 이 사상을 자신들의 팽창 정책에 결합했다. 사회진화론은 강한 국가가 약한 국가를 지배하는 것을 자연의 법칙으로 만들었고, 우생학은 비유럽 민족이 '문명화'되어야 한다는 폭력적인 사명을 부여했다. 그 결과, 사회진화론과 우생학은 19세기 말 신제국주의의 이념적 토대가 되었다. 유럽인들은 자신들의 우월함을 확신했고, 그 확신이 아프리카와 아시아를 그들의 식민지로 만든 잔혹한 도구가 되었다.

신제국주의는 세계 정치 지형을 송두리째 바꿔놓았고, 식민지 곳곳에 미래의 갈등과 민족적 긴장의 씨앗을 뿌렸다. 경제적으로는 불균형한 글로벌 자본주의 체제를 탄생시켰으며, 문화적으로는 전통을 파괴하고 서구의 가치를 강제했다. 신제국주의는 기술과 인프라를 변화시켰지만, 불평등을 심화시켰고 오늘날까지 이어지는 분쟁의 원인이 되었다.

문명화라는 이름의
약탈 

식민지는 원자재를 쥐어짜는 창고였고, 동시에 만든 물건을 쉴 새 없이 쓸어 담는 시장이었다. 그렇게 돈은 제국의 심장으로 모여들었다. 이 같은 경제 체제는 제국의 뼈대가 되었다.

이러한 경제 구조의 대표적인 예가 영국의 인도 식민지 지배였다. 당시 인도는 영국 제국 내에서 가장 값지고 중요한 식민지였다. 인도는 엄청난 인구와 풍부한 자원 그리고 전략적 위치 덕분에 영국의 경제적·군사적 이익에 핵심적인 역할을 했다. 특히 인도는 다양한 광물 자원과 농산물을 얻을 수 있는 당시 세계 최대 규모의 시장 중 하나였다. 영국은 인도를 통해 원자재를 싸게 확보하고, 인도 시장을 통해 자국 상품을 팔 수 있었다. 이뿐만 아니라 인도는 영국 해상 무역로의 중심지로서 아시아와 중동, 아프리카로 뻗어나가는 교두보 역할도 했다. 인도는 가장 빛나고 가치 있는 '제국의 보석'이 되었다.

경제적 이익 외에도 전략과 군사적 고려가 신제국주의를 가속화했다. 19세기 후반, 유럽 열강은 해군 기지 확보와 해상 교통로 통제에 혈안이었는데, 영국의 수에즈 운하 통제가 대표적이다. 수에즈 운하는 유럽과 인도, 동아시아를 잇는 최단 해상 루트였다.

19세기 중반에 프랑스가 주도해서 수에즈 운하를 건설했지만 영국이 수에즈 운하의 중요한 지분을 사들여 운하를 지배했다. 이로써 영국은 빠르고 안전하게 인도로 가는 길을 보장했고 지중해와 인도양 곳곳에 해군 기지를 세워 해상 제패력을 유지했다.

프랑스는 북아프리카의 알제리와 모로코, 아시아의 인도차이나반도(베트남, 라오스, 캄보디아)를 장악하며 식민지를 확장했다. 특히 1830년 알제리를 침략한 뒤, 약 130년 동안 그곳을 식민지로 지배했다. 이 기간 동안 프랑스는 알제리의 농업과 광산 자원을 착취했다. 인도차이나반도에서는 쌀과 고무 생산을 집중적으로 개발해 프랑스 본국 산업을 지원했다.

19세기 말, 뒤늦게 신제국주의의 경쟁자로서 식민지 경쟁에 뛰어든 독일은 탄자니아, 카메룬, 나미비아를 식민지로 삼았다. 늦은 출발은 독일을 더욱 공격적으로 만들었다. 땅을 넓히려는 그들은 무자비했다. 특히 나미비아에서 벌어진 일은 잔혹함의 극치였다. 1904년 토착민의 반란이 일어나자 독일은 무자비하게 진압했고, 수천 명의 사람이 죽었다. 살아남은 자들은 강제 수용소에 갇혀 고통 속에 신음했다. 이 참혹한 역사는 20세기에 탄생한 첫 집단 학살 중 하나로 기록되며, 독일 식민 통치의 어두운 그늘을 드리운다.

19세기 후반, 러시아 역시 신제국주의의 한 축으로서 유라시아 대륙에서 거대한 팽창을 이어갔다. 서유럽의 해양 식민지 확장

1904년 독일 식민지 지배에 저항하다 포로가 된 헤레로·나마족의 모습.
20세기 초 제국주의 폭력을 잘 보여준다.

과는 달리, 러시아의 신제국주의는 '내부 식민지화'로 불릴 만큼 직접적 통합과 동화에 집중했다. 러시아는 슬라브족이 제국의 핵심이라는 인식을 바탕으로 우크라이나, 폴란드, 발트 지역, 중앙아시아 등의 다양한 민족 집단을 슬라브적·정교적 질서에 편입시키려 했다. 그러나 이러한 동화 정책은 다민족 제국의 균열을 심화시켰고, 피지배 민족들의 저항과 민족주의 운동을 촉발했다. 결국 러시아의 신제국주의적 팽창은 다민족 문제와 제국 운영 능력의 한계에 직면했고, 이는 제1차 세계 대전 기간 동안에 발생한 내부적 붕괴와 1917년 러시아 혁명의 파국으로 이어졌다.

제국주의와 인종주의의 거센 바람

백인들의 짐을 짊어져라—

네가 가진 가장 훌륭한 이들을 보내어—

네 아들들을 먼 이국땅으로 보내 묶어라

그들이 지배하는 이들의 필요를 돌보기 위해서

영국 작가 러디어드 키플링이 1899년 2월에 발표한 시 〈백인의 짐the White Man's Burden〉에 등장한 문구이다. 키플링은 이 시에서 백인이 미개한 민족을 올바른 길로 인도하는 것이 무거운 '짐'이자 '의무'임을 역설했다. 그는 식민 통치가 고단하고 험난한 사명임을 강조하며, 백인들이 '야만적'이고 '미개한' 타민족을 위해 자기희생을 감수해야 한다고 주장했다. 키플링은 서구인이 자신의 이익을 넘어 피식민지 국민의 복지와 진보를 위해 헌신해야 한다는 도덕적 소명을 내세웠다. 시는 백인 통치자들이 고뇌와 희생을 감내하며, 비판과 반발 앞에서도 굴복하지 말 것을 촉구하는 목소리로 울려 퍼졌다.

'백인의 짐'이라는 사상은 어느 날 갑자기 솟아난 것이 아니었다. 19세기 초중반부터 영국을 중심으로 비슷한 이념들이 끊임없이 확산되었다. 특히 스펜서가 내놓은 사회진화론은 그 대표적인

키플링의 시 〈백인의 짐〉을 시각화한 풍자 만화.
영국인과 미국인이 아시아인과 아프리카인을 업고
'미신' '비문명' '야만' 등이 적힌 바위를 넘어 '문명'으로 향하고 있다.

흐름이었다. 프랑스 민족학자인 조제프 아르튀르 드 고비노 역시 1853년 발표한《인종불평등론》을 통해 백인이 가장 우월한 인종이라고 주장했다. 이들의 사상은 유럽 전역에 인종 차별주의와 우생학적 사고를 퍼뜨리며, 제국주의 정책의 이론적 토대를 제공했다.

19세기 문학에서도 앨프리드 테니슨 같은 시인들은 제국주의와 식민지 확장을 화려하게 미화했다. 1854년 발표된 그의 시 〈경비대의 돌격 The Charge of the Light Bridge〉은 영국군의 용맹과 희생을 과장되게 찬양하며 제국의 군사적 위상을 신격화했다. 테니슨의 작품들은 '문명 전파'라는 이름 아래 비유럽 세계에 질서와 발전을 가져온다는 낙관적인 환상을 심어주며, 제국주의의 잔혹함을 숨기고 정당화하는 데 앞장섰다. 이 문학적 미화는 당시 사회 분위기와 제국주의 가치관을 교묘히 반영하며, 제국주의 폭력에 대한 무비판적 찬사를 퍼뜨렸다.

19세기 후반, 독일에서도 제국주의와 인종주의의 거센 바람이 불었다. 그 바람은 문학과 철학을 타고 퍼져나갔다. 키플링의 〈백인의 짐〉처럼 무거운 짐을 짊어진 인종주의가 그들의 생각을 지배했다. 프리드리히 니체의 '초인' 개념도 독일 민족이나 인종의 우월성을 주장하는 근거로 활용되었다. 초인은 본래 개인의 자기 극복과 창조적 삶을 강조하는 철학적 사상이었으나, 일부 민족주의자와 인종주의자들에 의해 왜곡되었다. 이들은 니체의 사상을 독일 민족주의와 제국주의를 정당화하는 이념적 도구로 삼았다. 그리하여 초인은 더 이상 개인의 승리가 아니라, 집단의 힘과 폭력을 정당화하는 이름이 되었다. 이 바람은 독일 사회 전반을 휘감았고, 끝내 무겁고 어두운 상흔을 남겼다.

이처럼 신제국주의의 밑바탕에는 '문명화 사명'이라는 이데올로기가 깊게 자리하고 있었다. 많은 유럽인은 문명화되지 않은 민족에게 자신들의 문화와 기독교를 전하는 것을 신성한 의무로 여겼다. 선교사들은 아프리카와 아시아 곳곳에 파견되어 교육과 의료 활동을 펼쳤지만, 이 과정에서 현지 문화를 무시하고 서구 가치를 강요하는 이중적 태도를 보였다. '강한 민족이 약한 민족을 지배하는 것은 자연의 법칙'이라는 사회진화론은, '백인의 짐'으로 대표되는 인종적·종교적 열망과 맞물리며 제국주의 확장을 정당화하는 이론적 기반을 제공했다.

식민지 경쟁에 뛰어든 미국

19세기 말, 미국은 유럽 열강들이 벌이는 식민지 경쟁에 적극적으로 뛰어들지 않았다. 남북 전쟁의 폐허 위에서 서부를 개척하고, 국내를 통합하는 일에 몰두하고 있었으니 해외 식민지는 그리 급한 일이 아니었다. 미국은 전통적으로 고립주의를 고집했고, 그런 미국인들에게 식민지 쟁탈전은 그저 남의 일처럼 여겨졌다. 안전과 이익에 직접적인 위협이 닥치지 않는 한, 굳이 바다 건너 분쟁에 발을 담그지 않았다. 군사력 역시 유럽 열강에 비하면 미약했고, 장거리 해상 작전을 감당할 만한 준비도 되어 있지 않았다.

그런데 산업 혁명이 미국 사회를 근본적으로 바꿔놓았다. 국내 시장은 포화 상태에 이르렀고, 생산된 상품을 내다 팔 해외 시장이 절실해졌다. 원자재 확보와 세계 각지로의 영향력 확장이 필수 과제가 되었다. 유럽 열강이 아프리카와 아시아에서 세력을 넓혀 가는 가운데, 미국도 이 경쟁에서 뒤처지지 않으려는 의지를 키웠다. '우리도 세계 강국으로 우뚝 서야 한다'는 열망이 고개를 들기 시작한 것이다. 특히 아시아와 태평양에 미국의 시선이 집중되었다. 이미 유럽 세력에 포위된 중국과 1854년 미국이 문호를 열어 근대화를 촉진한 일본이 그 무대였다.

일부 엘리트들은 노골적으로 제국주의를 찬미하며 해외 팽창과 식민지 획득을 정당화했다. 경제적 이익뿐 아니라 국가적 위상과 사명감을 내세우며, '문명화 사명'이라는 이름 아래 미국은 '야만'이라 치부한 땅에 문명과 기독교, 민주주의를 심어야 한다고 주장했다. 사회진화론과 우생학은 미국 사회 전반에 깊이 스며들었고, 여러 대학과 연구 기관을 통해 이 이론들을 정당화할 근거를 얻었다.

1898년, 미국-스페인 전쟁이 발발하며 미국은 본격적으로 서구 열강의 식민지 경쟁에 뛰어들었다. 필리핀, 괌, 푸에르토리코를 거머쥐었고, 태평양의 전략적 요충지 하와이도 이때 미국 영토로 편입되었다.

말은 부드럽게 하되, 큰 몽둥이를 지니고 다녀라.
그러면 멀리 갈 수 있다.

이 말은 20세기 초 시어도어 루스벨트 대통령이 남긴 유명한 표현이다. 그는 미국이 군사력과 국제적 영향력을 갖춰야만 세계 무대에서 존중받고 제국주의적 야망을 실현할 수 있다고 확신했다. 미국-스페인 전쟁 이후 그는 군사력 강화와 적극적인 외교 정책을 통해 미국을 국제 사회의 강력한 제국으로 도약시키는 데 핵심적인 역할을 했다. 특히, 루스벨트의 '큰 몽둥이' 외교는 라틴아메리카, 카리브해, 태평양 지역에서 미국의 영향력 확대를 상징하는 정책으로 자리 잡았다.

강대국의 거래에 희생된 한반도

      일본은 메이지 유신을 통해 서구의 과학 기술, 정치 제도, 교육 체계를 폭발적으로 흡수하며 근대 국가로 빠르게 변모했다. 이 과정에서 서구 사상 역시 적극적으로 받아들였는데, 특히 사회진화론은 일본 지식인과 정치 지도층에 강한 영향을 미쳤다. 약육강식과 적자생존의 논리는 국가의 생존을 위한 힘의 우위를 정당화하는 이데올로기로 작용했고, 일본은 이를 명분으로 군사력 강화와 제국주의적 팽창을 정당화했다. 일본은 1895년 청일 전쟁에서 승리하며 동아시아에서의 우위를 확보했고, 서구 열강과 어깨를 나란히 하는 제국으로 자리매김하려는 야망을 본격적으로 드러냈다.

      러시아도 가만있지 않았다. 유럽의 열강과 어깨를 나란히 하려면 해외 영토 확장이 필수적이라고 여겼다. 그러나 19세기 중반 크림 전쟁에서 패한 러시아는 지중해 진출이 막히자, 동아시아로 눈길을 돌렸다. 러시아는 만주와 중앙아시아 일대를 적극적으로 개척하여 세력을 확대했고, 한반도 주변에서도 영향력을 강화하려 했다.

      이러한 러시아의 팽창은 자연스럽게 일본의 이익과 충돌했다. 결국 한반도를 포함한 동북아시아에 대한 영향권을 둘러싸고 양

러일 전쟁 말기 국제 정세를 풍자한 프랑스 잡지의 삽화.
러시아와 일본의 충돌을 권투 경기로 빗대어 표현했다.
당시 유럽 언론의 인종적·제국주의적 시선을 그대로 드러낸다.

국의 긴장이 고조되었고, 이는 피할 수 없는 군사적 충돌, 즉 러일 전쟁으로 이어졌다.

1904년에 발발한 러일 전쟁은 예상과 달리 일본에 유리하게 전개되었다. 일본이 전쟁을 승리로 마무리한다면 동북아시아와 태평양에서 세력 균형이 흔들릴 수 있다고 우려한 미국의 루스벨트 대통령은 적극적으로 중재에 나섰다. 그 결과 1905년 9월, 미국의 포츠머스에서 평화 조약이 체결되며 전쟁은 공식적으로 종료되었다.

그보다 두 달 앞서, 미국 육군 장관 윌리엄 태프트와 일본의 가쓰라 다로 총리는 비밀리에 밀약을 맺었다. 이 '가쓰라-태프트 밀약'에서 양국은 서로의 식민지 지배를 인정하며 세력권을 존중하기로 합의했다. 미국은 일본의 한반도 지배를, 일본은 미국의 필리핀 지배를 승인함으로써 양국은 동아시아와 태평양에서 서로의 이익을 침범하지 않겠다는 사실상의 약속을 교환한 것이다.

1910년, 일본은 끝내 대한제국을 병탄하며 완전한 식민지로 만들었다. 한일 병합은 당시 국제 사회를 지배하던 사회진화론적 사고와 냉혹한 제국주의 경쟁이 어떻게 현실 정치로 구현되었는지를 보여주는 대표적인 사례였다.

이 병탄은 힘의 논리가 지배한 약육강식의 국제 무대에서 식민지화된 국가들의 무력과 굴욕을 상징한다. 신제국주의라는 거대한 그늘은 식민 지배를 경험한 민족에 깊은 상처와 내적 분열을 안겼다. 오늘날, 이 식민 통치의 유산은 열강과 식민지 관계였던 국가들 간에 깊은 불신을 남기며, 국가 관계를 한층 복잡하게 만든다.

광기와 탐욕이 폭발한
전쟁의 시대

인간 도살장이 된
가장 잔인했던 전쟁터

1914년 6월 28일, 사라예보에서 울린 총성은 인류 역사에 잊지 못할 비극의 서막을 열었다. 오스트리아-헝가리 제국의 황태자 페르디난트가 세르비아 민족주의자의 총에 쓰러진 그 순간은 이미 엉킨 세계의 실타래를 한순간에 끊어버린 칼날이었다. 독일 제국의 든든한 지원 아래, 오스트리아-헝가리는 세르비아에게 단호한 최후통첩을 내밀었다. 그것은 마치 파멸의 신호탄처럼 유럽을 뒤흔들었다. 동맹이라는 이름의 굴레 속에 각국은 전쟁터로 끌려 들어갔고, 전쟁의 불길은 순식간에 전 세계를 삼켰다.

제1차 세계 대전의 시작을 단 하나의 이유로 집어내긴 어렵다.

사라예보 암살 사건을 상상해 그린 이탈리아 주간지의 삽화

그것은 오랜 세월 쌓아 올린 복잡한 긴장의 무게였다. 산업 혁명이 유럽을 뒤흔들었고, 사회진화론은 강자만 살아남는다는 잔인한 논리를 퍼뜨렸다. 자본주의의 팽창은 끝없는 원료와 시장 욕심을 낳았고, 그 욕심은 신제국주의라는 이름의 경쟁으로 번졌다. 영국, 프랑스, 독일 같은 강대국들은 아프리카와 아시아에서 서로를 쫓으며 불씨를 키웠다.

이들 강대국은 자신들의 이익과 안보를 지키기 위해 얽히고설킨 동맹망을 형성했다. 1871년 프로이센을 중심으로 하나의 국가로 통일한 이후, 뒤늦은 제국주의 후발 주자로서 기존 질서에 도전장을 내민 독일이 군사력과 경제력을 빠르게 키우면서 세력을 넓혔다. 이 과정에서 독일은 오스트리아-헝가리 제국과 이탈리아를 중심으로 한 삼국 동맹을 맺었다. 불안한 영국과 프랑스는 삼국 동맹에 대항하기 위해 러시아와 손잡고 삼국 협상을 맺었다. 서로를 지키겠다는 명목 아래, 이 동맹들은 뒤얽힌 긴장과 의무의 그물로 촘촘히 엮어졌다. 한 나라에서 작은 충돌이 나면, 그 그물이 연쇄 반응을 일으켜 전 유럽을 불태울 대전쟁으로 번질 수밖에 없었다. 그것은 마치 시한폭탄 같았다.

시한폭탄은 발칸반도에서 폭발했다. 발칸반도에서 오랫동안 억눌려온 민족주의 정서가 급격히 분출했다. 오스트리아-헝가리 제국 안에서는 체코인, 슬로바키아인, 크로아티아인, 보스니아인 같은 각기 다른 민족이 자치와 독립을 외쳤다. 세르비아는 러시아와 손잡고 슬라브족 통합의 꿈을 키워갔다. 그곳은 민족과 제국이 뒤엉킨 복잡한 갈등의 땅이었다. 그 긴장은 제국의 심장에 깊은 균열을 내고, 결국 그 땅에서 벌어진 싸움은 유럽을 뒤흔들 전쟁의 도화선이 되었다.

사라예보의 총성은 전 세계에 울렸고, 평화는 깨졌다.

당시 영국 총리였던 데이비드 로이드조지의 말처럼, 그 작고도 치명적인 총성은 유럽의 평화를 산산조각 냈다. 평화의 종말을 넘어, 인류 역사상 전례 없던 참혹한 대재앙, 제1차 세계 대전의 서막을 알린 순간이었다.

작은 충돌이 순식간에 대전쟁으로

1871년, 독일이 마침내 통일을 이루면서 유럽 역사는 새로운 전환점을 맞았다. 그동안 수많은 작은 공국과 도시 국가로 쪼개져 있던 독일 땅은 프로이센을 중심으로 하나로 뭉쳐 독일 제국이 탄생했다. 1870년 프로이센-프랑스 전쟁에서 승리한 프로이센은 베르사유 궁전에서 독일 제국의 출범을 선언했다. 이 사건은 프랑스에게는 큰 치욕이었지만, 독일인들에게는 오래도록 간직해온 민족적 자부심이 되살아난 순간이었다. 독일은 자신들의 언어와 문화를 기치로 내세우며, 단일 국가로서 세상에 힘을 과시하기 시작했다.

경제적으로도 독일은 눈부신 발전을 이루었다. 19세기 후반 급격한 산업화가 진행되면서 독일은 철강과 석탄, 기계 산업에서 영국과 어깨를 나란히 할 수준으로 성장했다. 특히 베를린과 루르 지역을 중심으로 한 '철강 왕국'은 독일 경제의 심장부였다. 대규모 자본과 은행이 산업과 결합해 독점적 기업들이 탄생했고, 이는 경제력 증대와 함께 군사력 강화를 뒷받침했다. 1890년대에는 이미 세계 최강 수준의 육군을 보유했고, 해군력 또한 영국에 이어 세계 2위였다. 해군력 증강은 독일이 '해가 지지 않는 나라' 영국의 해상 지배에 도전하겠다는 선언이었다.

영국과의 해군 경쟁은 독일 제국주의 야망의 상징이자, 유럽 긴장을 고조시키는 불씨가 되었다. 특히 1905년과 1911년에 발생한 두 차례의 모로코 위기는 독일 제국주의가 유럽에 던진 도전장이었다. 독일은 모로코 반란을 지원하고 군함을 아가디르항에 보내 프랑스에 무력시위를 감행했다. 프랑스의 동맹국이었던 영국은 이러한 독일의 태도를 프랑스를 넘어 자신들을 향한 도전이라고 받아들였고, 영국과 프랑스 두 나라의 협력은 더욱 공고해졌다. 결국 독일이 모로코에 대한 권리를 포기하는 대신 프랑스령 콩고 일부를 양도받는 방식으로 상황이 일단락되었으나, 유럽 열강 간 불신과 긴장은 이전보다 훨씬 고조되었다.

한편, 독일 내부는 불안정한 긴장으로 흔들리고 있었다. 프로이센을 중심으로 한 전통적 권위주의 체제는 점점 강해지는 민주주의 요구와 충돌했고, 계속되는 노동 운동과 사회 민주당의 성장으로 사회적 균열은 더 깊어졌다. 이러한 혼란 속에서 사회진화론과 우생학이 빠르게 확산되며 국가 분위기에 새로운 색을 입혔다. '강한 민족만이 살아남는다'는 믿음은 민족주의와 군국주의를 더욱 자극했다. 그 결과 전쟁을 통해 국가의 힘을 증명하고 우위를 확보해야 한다는 인식이 널리 퍼졌으며, 무력 충돌마저 자연스러운 역사적 진화로 받아들이는 분위기가 형성되었다.

이런 흐름 속에서 1914년 6월, 사라예보 사건이 일어났다. 이 사건은 단순한 지역 분쟁의 씨앗이 아니었다. 이미 유럽은 독일·오스트리아-헝가리·이탈리아의 삼국 동맹과 프랑스·러시아·영국의 삼국 협상이라는 2개의 거대한 진영으로 나뉘어 서로를 견제하고 있었기 때문이다. 이 동맹들은 원래 힘의 균형을 맞춰 전쟁을 막기 위한 제도였지만, 오히려 동맹에 의해 모두가 일어서는 연쇄 반응을 일으킬 위험한 약속이 되어버렸다.

사라예보에서 총성이 울린 순간, 이 약속들은 하나씩 발동되기 시작했다. 오스트리아-헝가리가 세르비아에 선전 포고를 하자, 독일이 동맹국을 지원했다. 러시아는 슬라브족인 세르비아를 보호하겠다며 군대를 동원했다. 러시아가 움직이자 프랑스도 동맹 의무에 따라 전쟁 준비에 들어갔다. 독일이 프랑스를 공격하려고 벨기에를 침입하면서 벨기에 중립을 보장했던 영국도 마침내 참전을 선언했다.

이렇게 한 나라씩 전쟁에 말려들면서 처음엔 발칸반도의 작은 충돌이었던 것이 순식간에 유럽 전체를 휩쓰는 대전쟁으로 번졌다. 민족주의 열기와 군국주의 분위기가 뒤섞인 가운데, 사라예보의 총성은 결국 인류 역사상 가장 참혹한 비극 중 하나인 제1차 세계 대전의 서막을 올린 것이다.

인류 최초의
대량 화학 무기 사용

제1차 세계 대전은 20세기 초 유럽에서 벌어진 초유의 참혹한 전쟁이었다. 산업화로 급격히 증강된 군사력과 전통적 전투 방식이 결합되면서 전쟁은 전에 없던 규모와 잔혹함으로 치달았다. 유럽 열강들은 자신감에 차 있었지만, 그들이 마주한 건 누구도 예상하지 못한 끔찍한 현실이었다.

전쟁 초반 독일은 벨기에를 거쳐 프랑스를 빠르게 제압하려고 했으나, 마른강 전투에서 좌절했다. 동부 전선에서는 러시아를 타

넨베르크에서 격퇴했지만, 동서 양면에서 치열한 방어전을 치러야 했다. 전선은 곧 교착 상태에 빠지며 참호전이 시작됐다. 수백 킬로미터에 이르는 참호 속에서 병사들은 진흙과 질병, 끊임없는 포격과 기관총 사격, 독가스 공격에 시달리며 극한의 고통을 견뎌야 했다. 참호전은 이번 전쟁의 상징이 되었고, 솜 전투처럼 단 몇 킬로미터를 두고 수십만 명이 희생되는 비극이 반복됐다.

기술 발전은 제1차 세계 대전의 전투 방식을 근본적으로 뒤바꿨다. 기관총은 빠른 연사력으로 전통적인 돌격 전술을 무력화시켰고, 그로 인해 병사들은 일렬로 돌진하는 대신 참호와 엄폐물 뒤에 숨어야만 했다. 전장에 최초로 등장한 전차는 철조망과 참호를 무너뜨리며 전선 돌파의 가능성을 열었다.

클로린가스와 머스터드가스 같은 화학 무기도 최초로 사용되면서 병사들은 숨을 쉴 수 없거나 심각한 피부 화상을 입었다. 비행기는 정찰뿐 아니라 폭격 임무까지 수행하며 땅에서만 이뤄지던 전쟁이 하늘에서도 벌어지게 되었고, 공중전이라는 새로운 형태의 싸움이 시작되었다.

이러한 신무기들은 전쟁을 군인 간의 충돌에서 민간인 피해와 산업 기반 파괴로 확산시키며 사회 전반에 깊은 상처를 남겼다. 특히 독가스 공격은 인류 역사상 가장 무자비한 공포의 상징으로 기록되었고, 전후 국제 사회가 화학 무기 금지 협약을 추진하는 계기가 되었다.

1916년 영국군과 독일군의 충돌로 발생한 솜 전투에서 활약한
아일랜드 소총병들이 참호에서 쉬고 있다.

친구여, 너는 절박한 영광을 꿈꾸는 어린이들에게

'조국을 위해 죽는 것은 달고 영광스러운 일이다'라는

오래된 거짓말을 그렇게 열정적으로 말하지는 않을 것이다.

영국 시인 윌프레드 오언은 전쟁의 참혹함과 허상을 강렬하게 드러내며, '조국을 위해 죽는 것이 영광'이라는 말이 얼마나 허망한 거짓인지 폭로했다.

지리멸렬한 참호전에서 전선의 안정성은 병력만으로 결정되지 않았다. 전쟁의 승패는 얼마나 원활하게 병력과 물자가 보급되는지에 달려 있었다. 전쟁이 길어지면서 영국과 프랑스, 러시아 등 연합국 측은 미국의 도움이 절실했다. 미국의 막강한 산업력과 풍부한 농산물은 연합국에게 단단한 후방 지원군 역할을 해냈다. 특히 탄약, 식량, 군수품의 지속적 공급은 참호 속 병사들이 싸움을 이어갈 수 있는 생명줄과 같았다. 이에 맞서 독일은 영국을 고립시키기 위해 무제한 잠수함 작전을 펼쳤다. 상선과 군함을 가리지 않고 공격하는 이 전략은 대서양 해상 교통로를 위협하며 연합국의 보급망을 심각하게 흔들었다. 이 과정에서 미국 선박들이 침몰하는 사건이 잇따르며 미국 여론은 급격히 전쟁 참전을 지지하게 되었다.

1917년 4월, 끝내 미국이 참전했다. 미국의 막대한 병력과 신선한 자원이 서부 전선에 투입되자 전세는 급변했다. 연합국은 새로운 활력을 얻었고 독일군은 전쟁을 계속하는 것이 점차 힘에 부쳤다. 한편 1917년 10월, 볼셰비키 혁명이 일어나면서 러시아는 전쟁에서 손을 떼고 내전에 돌입했다. 독일은 동부 전선에서의 전투 부담을 크게 덜었지만, 서부 전선에서는 연합국의 반격에 지속적으로 밀리며 점점 지쳐갔다.

　1918년 11월 11일, 4년여의 지옥 같은 전쟁이 마침내 막을 내렸다. 2,000만 명의 목숨이 진흙 속에 묻혔고, 그 희생은 인류가 감당해야 할 가장 참혹한 상처로 남았다. 제1차 세계 대전은 인간의 한계와 고통 그리고 절망이 뒤섞인 끝없는 악몽이었다. 참호에 갇힌 병사들의 피가 땅을 적시고, 잊히지 않을 비명과 눈물이 그 시간과 공간을 채웠다.

평화 조약이 낳은 또 다른 전쟁의 씨앗

　　　1919년 1월, 베르사유에서 열린 파리 강화 회의는 전쟁을 종식하고 새로운 평화의 토대를 다지려고 했다. 그러나 그 결말은 복잡하고 비극적이었다. 약 30여 개국이 참여했지만, 실질적인 주도권은 '빅4 Big 4'라 불리는 영국, 프랑스, 미국, 이탈리아의 손에 쥐어졌다. 이들은 서로 얽힌 이해관계 속에서 판을 짰고,

1919년 5월 27일 파리 강화 회의의 빅4. 왼쪽부터 영국의 데이비드 로이드조지,
이탈리아의 비토리오 오를란도, 프랑스의 조르주 클레망소, 미국의 우드로 윌슨.

그 결과는 불공정과 불만의 그림자를 드리웠다.

　프랑스 총리 조르주 클레망소는 독일을 군사적·경제적으로
철저히 약화시키는 데 주력했다. 빼앗겼던 알자스-로렌의 반환,
엄격한 군사 제한, 막대한 배상금 요구는 프랑스의 안보를 지키기
위한 조치였으나, 이후 독일 내에 깊은 상처와 원한을 남긴 결정
이기도 했다. 영국의 로이드조지 수상은 독일이 영국의 위상을 위
협하지 못하도록 견제하는 한편, 프랑스와 달리 전후 독일이 패배
의 상처를 딛고 일어설 여지를 남겨두고자 했다. 이는 독일이 소

련 공산주의에 맞서는 서방 자본주의의 방파제가 되기를 바랐기 때문이다. 이탈리아는 1915년 런던 조약에 근거한 광범위한 영토 요구를 끝내 관철하지 못하며 '절반의 승리'에 머물렀다. 특히 달마티아 해안과 다뉴브강 유역 등 전략적으로 중요한 지역에서 영유권 확보에 실패하면서, 국민들 사이에 깊은 불만이 일어났다. 이는 곧 국내 정치의 불안정을 가중시켰고, 민족주의 열기를 자극해 파시스트 세력의 급부상을 촉진하는 기폭제가 되었다.

베르사유 조약은 '전쟁 책임 조항'을 포함해서 독일에 가혹한 영토 상실과 군사력 제한 그리고 막대한 배상금을 부과했다. 이 조항은 독일이 전쟁으로 인한 모든 손해와 피해를 배상할 법적 의무를 명확히 규정함으로써 독일 국민 사이에 깊은 굴욕감과 분노를 불러일으켰다.

베르사유 조약은 유럽의 지도를 근본적으로 변화시켰다. 오스트리아-헝가리와 오스만 제국의 해체로 체코슬로바키아, 유고슬라비아, 폴란드 같은 새로운 국가들이 탄생했으나 그 경계는 소수민족의 현실과 충돌하며 발칸반도와 동유럽 전역에 끊임없는 갈등을 낳았다.

중동 지역은 유럽 열강의 제국주의적 이해관계에 따라 위임통치 체제로 재편되었다. 영국과 프랑스는 오스만 제국의 옛 영토를 분할해 각각 이라크와 팔레스타인, 시리아와 레바논을 통치했고, 이 과정에서 현지 민족주의 세력과 충돌하며 불안이 심화되었다. 이 인위적인 경계 설정과 외세의 통치는 중동의 장기적 불안정의 씨앗이 되었고, 그 불씨는 오늘날까지도 꺼지지 않고 있다.

한편, 미국의 우드로 윌슨 대통령은 '승리 없는 평화'를 목표로 14개 조항을 제시하며 독일에 대한 혹독한 처벌을 반대하고 평화의 이상을 강조했다. 하지만 전쟁으로 큰 피해를 입은 영국과 프랑스는 독일을 강하게 처벌해야 한다고 주장했다. 결국 윌슨도 이들의 요구를 어느 정도 수용할 수밖에 없었다. 대신 윌슨은 국제 연맹이라는 국제기구를 창설해 앞으로 전쟁 없이 평화롭게 문제를 해결하자고 제안했다. 그런데 정작 미국 의회가 국제 연맹에 가입하는 것을 거부하면서 그 실효성이 크게 약화되었다. 미국이 빠진 국제 연맹은 국가 간에 다툼이 생겨도 제대로 중재할 힘이 없었고, 세계 평화를 지키는 일도 어려웠다.

결국 파리 강화 회의는 표면적인 평화는 가져왔으나, 얽히고 설킨 이해관계와 가혹한 처벌 조치는 가까운 미래에 일어날 갈등을 보여주는 예고편이었다. 베르사유 조약은 평화를 약속했지만, 그 길은 또 다른 비극으로 향하는 문턱에 불과했다.

거대한 블랙홀로
빨려 들어간 세계의 경제

1929년부터 1939년까지, 그 10년은 세계 경제가 무너져 내린 지옥 같은 시간이었다. 일자리는 증발했고, 공장 굴뚝에는 연기가 사라졌고, 은행들은 줄줄이 문을 닫았다. 무역은 멈췄고, 사회의 근간이 송두리째 흔들렸다.

시작은 1929년 10월, 세계 금융의 심장부인 미국 월가의 주가가 폭락하면서였다. 처음에는 '이건 잠시일 뿐'이라는 끈질긴 낙관이 있었지만, 다우존스 산업 평균 지수는 끝없이 추락하더니 1932년 중반까지 무려 85%나 폭락했다. 이 붕괴는 미국만의 비극이 아니었다. 20세기 초부터 촘촘히 얽혀 있던 국제 무역과 신용의 거미줄이 찢겨나갔다.

제1차 세계 대전의 상처를 안고 미국 달러에 기대던 유럽은 자금줄이 끊기자 비명을 질렀고, 그 파장은 아시아, 아프리카, 중동으로 번져나갔다. 특히 조선과 같은 식민지는 이 위기를 정면으로 맞았다. 일본은 본국의 경제 위기를 타개하기 위해 조선에서 곡물과 자원을 더욱 수탈했고, 노동력 동원도 이전보다 훨씬 강화되었다. 이런 상황에서 조선 농민들은 굶주림과 빈곤에 내몰렸고, 지역 사회는 심각한 불황에 빠졌다. 그렇게 전 세계는 대공황이라는 거대한 블랙홀에 빨려 들어갔다.

이 대공황은 단순한 우연의 산물이 아니었다. 오랜 시간 쌓여 온 경제적 불균형이 조용히, 그러나 끈질기게 재앙의 씨앗을 뿌린 결과였다. 부의 집중은 상상을 초월했다. 1929년 미국에서는 상위 1%가 전체 부의 절반 이상을 차지했고, 나머지 99%는 대체로 빚에 짓눌려 있었다. 이러한 구조 속에서 소비는 위축되고 금융 시스템은 점점 취약해졌다. 월가의 금융가들은 위험한 도박을 벌였고, 그것이 곧 재앙의 도화선이 되었다. 주가가 무너지자 공포가 삽시간에 번졌고, 사람들은 은행으로 달려가 저축했던 돈을 인출하려 했다. 하지만 은행들은 필요한 만큼의 현금을 보유하지 못했다. 수천 개의 은행이 파산했다. 세상의 모든 희망은 은행 창고 속 금고처럼 잠겨버린 듯했다.

1932년까지 3,000만 명이 일자리를 잃었고, 급여와 집을 잃은

월가에 위치한 뉴욕 증권 거래소. 1817년 창설된 세계 최대 규모의 증권 거래소이다.

사람들이 판자촌으로 몰려들었다. 노동자들은 일자리를 구하지 못하고 복지 사무실에서 구걸했다. 가족은 무너졌고, 결혼과 출생은 줄었으며, 자살은 늘었다.

경제학자들은 종종 장기적으로 모든 게 잘 될 것이라고 말한다. 하지만 우리 모두는 죽어 있다. 장기적인 전망만을 믿고 기다리는 것은 무책임하다. 지금 당장 실질적인 조치가 필요하다.

이 말은 1930년대 대공황 시절, 경제학자 존 M. 케인스가 당시 경제학계와 정부가 지나치게 '시장 자율 조정'과 '장기 균형'에만 기대려는 태도를 비판하면서 나온 것이다. 케인스는 현실의 고통받는 사람들을 위한 즉각적인 정부 개입을 강조했다.

케인스의 이론은 미국의 새로운 대통령 프랭클린 루스벨트의 마음을 움직였다. 경제가 스스로 회복될 거라는 낡은 믿음은 무너졌고, 정부는 침묵을 깨고 직접 나서야만 했다. 이에 루스벨트는 뉴딜이라는 거대한 실험을 시작했다. 수백만 명의 일자리를 만들어냈고, 무너져가는 은행들을 재정비했으며, 고통받는 농민들을 구제하고 사회 보장 제도의 초석을 다졌다. 국민들은 다시 희망을 움켜쥐었다.

하지만 진짜 대공황의 종말은 정책이 아니라 전쟁의 화염 속에서 모습을 드러냈다. 독일을 중심으로 유럽은 무장을 재개했고,

결국 전 세계를 뒤흔든 제2차 세계 대전이 폭발했다. 전시 경제는 죽어가던 산업에 숨을 불어넣었다. 침묵하던 공장들은 다시 굉음을 내뿜었고, 실업의 고통은 옛일이 되었다.

대공황이 남긴 상처와 유산은 지금도 깊다. 경제와 사회, 정치가 재편됐고, 자본주의의 허약함이 낱낱이 드러났다. 하지만 그 어둠 속에서 새로운 빛도 피어났다. 오늘날 우리가 당연하게 여기는 사회 안전망의 초석이 바로 그때 마련된 것이다. 붕괴 직전의 절망 속에서 집단적 책임과 정부의 개입이 어떻게 생명줄이 될 수 있는지를 뼈아프게 깨달았다. 대공황은 단순한 손실의 시대가 아니었다. 그것은 인류가 자신과 사회, 경제를 다시 보는 눈을 뜨게 한 거대한 전환점이었다. 그 고통과 좌절 그리고 변화는 오늘날 우리가 마주한 위기에 대한 날카로운 경고이며, 연대와 존엄의 중요성을 일깨우는 기억이다.

상위 1%에 집중된 부의 결말

경제 대공황은 단 하나의 원인으로 설명할 수 없는, 얽히고설킨 취약성과 예기치 못한 충격이 맞물려 터진 재앙이었다. '광란의 20년대'라 불리던 1920년대, 사람들은 손쉽게 돈을

빌렸고 주식 광풍에 뛰어들었다. 투자 신탁과 대출은 무분별하게 늘었으며 플로리다의 부동산과 월가의 주식 거품은 하늘 높은 줄 모르고 치솟았다. 투자자들은 빚을 내 부동산과 주식을 사들였고, 모기지 부채는 10년 만에 세 배 이상 불어났다. 은행과 저축 기관 들은 무모한 경쟁 속에 무분별한 건설 대출을 남발했다. 사람들은 어려움 없이 대출을 받아 주식에 투자했다. 이런 상황에서 자금 공 급이 원활하지 않게 되어 신용이 갑자기 조여온다면, 모든 것이 무 너질 수 있었다.

구조적 불균형도 뿌리 깊었다. 임금은 생산성 향상을 따라잡 지 못했고, 소득은 상위 1%에 집중되었다. 농민들은 과잉 생산과 가격 하락에 시달렸다. 산업의 급격한 기계화와 자동화가 노동자 들의 일자리를 잠식했고, 공장들이 생산 효율을 높이자 시장에는 상품이 넘쳐났다. 반면, 소비자들의 구매력은 임금 정체와 소득 불 평등으로 인해 제자리걸음이었다. 넘쳐나는 재고는 기업들의 수익 성을 갉아먹었고, 노동자들의 해고가 이어졌으며 실업률이 치솟았 다. 그 결과 소비가 급감하면서 수요와 공급의 균형은 깨져갔다.

이처럼 취약한 경제 체계 위에 1929년 월가 주식 시장이 붕괴 했다. 검은 목요일 Black Thursday과 검은 화요일 Black Tuesday, 주식은 폭 락했고 부는 순식간에 허공으로 사라졌다. 이 충격으로 은행들이 도미노처럼 파산했다. 1930년부터 1933년 사이에 9,000여 개의 은행이 무너졌고 신용은 말라붙었으며 디플레이션은 거세게 달아

무료 도넛과 커피를 받기 위해 줄 서 있는 사람들

올랐다. 그럼에도 연방준비제도Fed와 허버트 후버 대통령은 경기 침체를 자연스러운 조정으로 치부하며 돈을 풀기를 망설였다. 그들은 여전히 자유방임주의의 성벽 안에 갇혀 있었다. 이 무책임한 태도는 경기를 더욱 얼어붙게 만들었다.

1930년 통과된 스무트-홀리 관세법은 사태를 더욱 악화시켰다. 후버 행정부는 미국 산업을 외국 상품과의 경쟁에서 보호한다는 명분으로 역사상 가장 높은 수입 관세를 부과했다. 이런 미국의 결정에 주요 교역 상대국들은 보복 관세로 맞섰고, 세계 무역 장벽은 급격히 높아졌다. 이미 침체에 빠진 각국 경제는 더 큰 압박을 받았다. 20세기 초부터 세계 경제는 긴밀히 얽혀 있었기에, 한 나라의 경기 침체는 즉시 다른 나라들에 파급되었다. 미국의 고관세 정책은 세계 무역량을 급감시켰고, 대공황의 여파는 전 세계로 번졌다.

유럽 각국은 실업과 파산의 도미노 속에서 정치 극단주의에 빠져들었고, 독일과 이탈리아는 이 혼란 속에서 독재 정권이 기반을 다졌다. 영국과 프랑스 역시 대규모 실업과 정치적 불안을 겪으며 정부의 시장 개입의 필요성이 대두되었다. 신뢰는 산산이 부서졌고, 투자는 멈췄다. 경제 대공항의 혼란 속에서 세계는 결국 20세기 최악의 재앙인 전쟁과 파괴로 빨려 들어갔다.

루스벨트의 거대한 실험, 뉴딜 정책

1932년 말, 대공황의 절망 속에서 프랭클린 루스벨트가 제32대 대통령으로 선출되었다. 12년간 이어진 공화당 정권이 막을 내리고, 민주당이 새로운 국면을 열었다. 루스벨트가 1933년부터 1938년까지 펼친 뉴딜 정책은 미국 사회와 정부의 근본적인 변화를 예고하는 혁명이었다.

급증하는 실업률과 광범위한 금융 붕괴로 인해 심각한 위기 상황에서 루스벨트는 과감히 자유방임주의를 버리고 케인스의 이론을 품에 안았다. 그는 정부가 침묵을 깨고 경제에 적극적으로 개입해야 한다고 선언했다. 그의 정책은 연방 정부의 역할을 완전히 뒤바꿔놓았다. 정부가 더 이상 경제 위기의 수동적 관찰자가 아니라 적극적인 해결사로 변신한 것이다. 루스벨트의 방식은 모험이었고, 실험이었다. 혁신적인 사상가들로 구성된 '브레인트러스트'의 조언을 바탕으로, 그는 균형 예산 유지라는 옛 신념을 과감히 내려놓고, 대규모 정부 지출을 허용하는 비상 예산을 추진했다. 국가의 운명을 건 대규모 정부 지출, 그 한 걸음 한 걸음이 역사에 깊은 자취를 남겼다.

뉴딜은 두 단계로 진행되었으며, 각 단계는 서로 다른 목표를 가졌지만 국민의 고통 완화, 경제 부흥, 구조 개혁이라는 공동의 사명을 공유했다. 첫 번째 뉴딜은 은행 시스템을 살리고 금융 시장을 규제하는 데 주력했다. 국가 은행 휴업과 긴급은행법으로 은행의 붕괴를 막았고, 연방예금보험공사FDIC를 설립해 예금자들의 신뢰를 회복했다. 무분별한 투기를 막기 위해 증권거래위원회SEC도 세워졌다. 동시에 민간보조사업단CCC과 공공사업진흥국PWA 같은 공공사업은 수백만 명의 일자리를 창출했다.

두 번째 뉴딜은 국민의 안전망을 튼튼히 다지는 데 주력했다.

1935년 제정된 사회보장법은 최초로 퇴직 연금과 실업 보험 제도를 도입해, 일자리를 잃었거나 나이 들어 일할 수 없게 된 이들에게 최소한의 생계를 보장했다. 와그너법(전국노동관계법)은 노동자들의 단결 권리를 법적으로 보호하며 공장과 산업 현장에서 노동조합의 목소리가 커지도록 만들었다.

한편, 공공사업진흥국은 전국적으로 대규모 공공사업을 펼쳐 도로, 교량, 학교 등 인프라를 세우는 동시에, 예술가와 작가, 배우 등 예술 분야에 일자리를 제공하며 사회 전반에 활력을 불어넣었다. 더불어 공정근로기준법은 최저 임금과 최대 근로 시간을 규정해 노동자들의 기본적인 노동 조건을 법으로 명확히 했다. 이렇게 두 번째 뉴딜은 경제 회복뿐 아니라 사회 구조 전반에 걸쳐 안정과 정의를 심어주는 데 집중한 정책이었다.

하지만 뉴딜 정책은 여러 논란에서 자유롭지 못했다. 일부 경제학자와 보수 진영은 뉴딜이 지나친 정부 개입으로 민간 경제 활동을 위축시켜 경기 회복을 지연시켰다고 비판했다. 특히, 대규모 공공사업과 복지 확대가 예산 부담을 키워 장기적인 경제 성장에 걸림돌이 되며, 정부 권력의 과도한 확대를 우려하며 강하게 반발했다. 반면, 진보 진영 쪽에서는 뉴딜이 자본주의 시스템을 근본적으로 바꾸지 못한 '부분적 개혁'에 그쳤다고 평가 절하했다.

그럼에도 불구하고, 뉴딜은 미국사에 지울 수 없는 깊은 흔적을 남겼다. 그 혼돈의 시기 속에서 정부의 역할이 완전히 재탄생

1935년 8월 14일 사회보장법에 서명하는 루스벨트 대통령

했다. 이전까지는 상상할 수 없었던 사회 복지 제도가 정착하면서 국민의 삶에 직접 닿기 시작했다. 뉴딜은 미국 민주주의에 대한 신뢰를 다시 일으켜 세운 거대한 전환점이었다. 세계가 불안과 혼란 속에 휩싸인 그때, 미국은 흔들리지 않는 중심축으로 자리매김할 수 있었다. 뉴딜은 정부와 국민 사이의 오래된 관계를 뒤흔들었고, 새로운 시대를 여는 선례를 후대에 남겼다. 그것은 미래를 향한 약속이자, 절망 속에서도 희망을 품었던 한 시대의 기록이었다.

대공황이
바꿔놓은 것들

대공황의 어둠은 너무 깊었다. 도시의 거리는 텅 비었고, 공장 굴뚝은 침묵했다. 수백만 명이 일자리를 잃고 절망에 빠졌다. 그런데 그 끝을 알 수 없던 고통 속에서 뜻밖의 불꽃이 타올랐다. 그것이 전쟁이었다. 유럽은 재무장의 불길에 휩싸였고, 군수 산업은 마치 살아 숨 쉬는 거대한 화염처럼 폭발했다. 1939년, 히틀러가 폴란드를 침공하자 세계는 다시 전쟁의 소용돌이에 빨려 들어갔다.

미국은 공식 참전을 미뤘지만, 이미 무기와 군수 물자를 쏟아내며 전시 경제에 발을 깊숙이 담갔다. 일자리가 쏟아지면서 실업률은 거의 자취를 감췄다. 정부의 재정 지출은 더욱 늘어났고, 경제 성장률은 다시 고공 행진을 시작했다. 아이러니하게도 전쟁의 파괴가 경제 회생의 신호탄이 되었다. 전쟁은 대공황의 종말이자, 새로운 시작의 서막이었다.

이 아이러니는 역사에 길이 남을 역설이었다. 대공황이라는 경제의 심연이 제2차 세계 대전이라는 가장 참혹한 전쟁을 불러왔고, 그 전쟁이 다시 경제를 살려냈다. 자유방임주의에 기대던 미국은 그 한계를 뼈저리게 깨달았다. 정부 개입 없이는 회복도, 지속도 불가능하다는 냉혹한 진실을 직시했다. 루스벨트 대통령은 뉴딜 정책으로 국가 경제의 심장에 직접 손을 댔다. 정부는 더 이상 방관자가 아닌, 경기 조절자이자 국가의 든든한 버팀목으로 변모했다.

금융 부문에서도 혁명이 일어났다. 은행의 무책임한 파산과 금융 불안을 막기 위해 연방예금보험공사가 세워졌고, 예금자들의 자산은 보호받았다. 증권거래위원회는 주식 시장의 투명성과 공정성을 강화해 투자자의 신뢰를 되찾았다. 이러한 금융 규제들은 시장의 혼란을 잠재우고 경제 시스템의 기초를 공고히 다졌다.

사회 안전망도 대폭 확충됐다. 대공황의 아픔을 겪은 국민들의 기본 생활을 보호하기 위해 미국에서는 실업 보험과 사회 보장 제도가 도입되며 복지 국가의 초석이 놓였다.

유럽에서도 상황은 비슷했다. 독일은 바이마르 공화국 시절부터 사회 보장 제도를 발전시켜 왔지만, 대공황 이후 경제 위기와 정치 불안정 속에서 사회 복지 정책이 강화되었다. 영국은 노동당 정부가 등장하며 국민 건강 보험과 공공 주택 정책 등 복지 제도를 확장했다. 프랑스와 스웨덴 역시 사회 안전망을 확대해 국민의 불안을 달랬다.

대공황은 단순한 경제 위기를 넘어, 경제 운영 원칙과 체제 전반을 재설계한 사건이었다. 시장의 자유에만 의존하던 시대는 저물었고, 정부의 적극적 역할과 규제 그리고 사회 안전망 확대가 현대 자본주의의 심장이 되었다. 이 변화는 경제뿐 아니라 사회와 정치 전반에 깊은 흔적을 남겼으며, 오늘날 우리가 살아가는 현대 경제 시스템의 출발점이 되었다.

대공황은 단순한 경제 사건이 아니라,
인간의 삶과 영혼을 시험한 시대였다.

미국 작가 존 스타인벡은 대공황을 인간이 한 번도 경험하지 못한 공포와 기회이자 인간성의 본질을 시험한 사건으로 보았다. 각 나라는 저마다 다른 방식으로 그 시험대에 섰다. 독일은 그 어둠 속에서 히틀러라는 괴물을 탄생시켜 인류 역사에 씻을 수 없는 상처를 남겼다. 반면 미국은 루스벨트 같은 지도자를 선택해 민주주의를 굳건히 지키며 위기를 헤쳐나갔다. 히틀러는 대공황을 이전 정권의 무능과 유대인 탓으로 돌리며 국민의 불안과 분노를 부추겼지만, 루스벨트는 미국 민주주의에 대한 믿음으로 국민에게 희망의 불씨를 지폈다.

위기는 언제나 다시 찾아온다. 그때마다 우리가 어떤 선택을 하느냐에 따라 역사의 방향이 달라진다. 대공황은 그저 한 번 보고 넘어가는 과거의 한 장면이 아니라 미래를 비추는 거울이다. 그 속에서 인간은 절망과 희망 사이를 오가며, 결국 어떤 길을 택할지 스스로 결정해야 한다.

7,000만 명이 사라진
인류 최악의 재앙

1929년에 시작된 대공황은 단순한 경제 위기를 넘어 세계 질서를 뒤흔들었고, 결국 제2차 세계 대전의 무대를 깔았다. 특히 독일은 이미 제1차 세계 대전 패배와 베르사유 조약의 부담으로 심각한 경제적 어려움을 겪고 있던 터라, 대공황의 충격은 그야말로 절박한 상황을 만들었다. 경제가 완전히 무너지고 은행들이 줄줄이 파산하면서 실업률이 치솟았다.

아돌프 히틀러는 이 혼란과 국민들의 절망을 틈타 권력을 움켜쥐고, 곧바로 전쟁 준비에 박차를 가했다. 대규모 재군비 사업을 벌여 산업을 군수 중심으로 바꾸고, 젊은이들을 나치 깃발 아래 무장시켰다. 독일인의 '생활권'을 확보하겠다며, 더 넓은 땅과 자원을 얻고 과거의 패배를 되갚으려 한 히틀러의 계획은 결국 유럽 전역을 전쟁으로 몰아넣었다.

　이탈리아도 대공황의 그림자에서 자유로울 수 없었다. 산업과 농업이 무너지고, 거리에는 실업자와 불안이 가득 찼다. 무솔리니의 파시스트 정권은 나라 안의 불안과 혼란을 군사적 팽창과 식민지 확장으로 해결하려 했다. 무솔리니는 국민들에게 단결과 애국

일본에서 제작된 제2차 세계 대전 삼국 동맹을 선전하는 엽서 '사이가 좋은 세 나라'

심을 내세우며, 이탈리아가 더 많은 땅을 가져야 한다고 주장했다. 실제로 무솔리니는 1935년 아프리카의 에티오피아를 침공하는 등 무력으로 식민지 정책을 밀어붙였다. 일본 역시 대공황의 충격에 휘청거렸다. 수출이 곤두박질쳤고, 공장은 문을 닫았다. 실업률이 치솟았고, 사회는 불안과 불확실성으로 얼룩졌다. 군부와 극우 세력이 그 틈을 파고들었다. 자원이 부족한 섬나라가 눈을 돌린 곳은 만주와 중국이었다. 1931년 만주 사변으로 무자비한 군국주의가 폭발했다.

한편, 영국과 프랑스 역시 대공황으로 인한 경제적 고통과 사회적 분열에 휘말려 있었다. 전쟁의 참혹함을 이미 뼈저리게 겪은 이들은 또 한 번의 충돌을 피하려 했다. 그래서 히틀러나 무솔리니 같은 독재자들이 무리한 행동을 해도 강하게 맞서기보다는, 달래고 양보하는 '유화 정책'을 택했다. 당시 국제 사회를 이끌던 국제 연맹은 힘도 없고 적극적인 대응 의지도 부족해 사실상 침묵했다. 결국 대공황이 초래한 경제 혼란과 사회 불안이 독재주의를 촉발하게 했고, 서방의 무기력한 유화 정책은 세계 평화에 커다란 균열을 만들며 두 번째 세계 대전의 씨앗이 되었다.

제2차 세계 대전은 인류 역사상 최악의 재앙이었다. 그 규모와 잔혹함, 파괴력은 상상을 초월했다. 7,000만 명 넘는 목숨이 사라졌고, 도시들은 잿더미가 되었다. 인간 존엄성은 땅에 떨어졌고, 홀로코스트 같은 조직적 학살은 인간이 얼마나 잔인할 수 있는지

적나라하게 보여주었다. 전쟁이 끝난 뒤에도 그 상처는 쉽게 아물지 않았고, 세대를 넘어 깊은 상흔으로 남았다.

히틀러가 공산주의보다 낫다?

유화 정책이란 말 그대로, 적과 싸우기 싫으니 정치적·경제적·영토적 양보로 갈등을 피하려는 외교술이다. 제1차 세계 대전의 참혹한 경험은 전쟁 회피에 대한 강한 열망을 낳았고, 베르사유 조약이 너무 가혹해 독일에 대한 연민도 생겼다. 게다가 당시 유럽 상류층과 정치권에는 공산주의에 대한 두려움이 팽배했다. 소련의 볼셰비키 혁명이 성공하며 공산주의 확산 공포가 커지자, 나치즘과 파시즘을 '공산주의의 방패'로 보기 시작했다. 그래서 영국 정치권 일부에서는 '히틀러가 공산주의보다 낫다'는 인식이 퍼졌고, 그게 독일의 군사 요구를 어느 정도 받아들인 유화 정책의 밑바탕이 되었다.

베르사유 조약으로 조직된 국제 연맹의 무력함과 집단 안보 실패 역시 유화 정책을 불가피하게 만들었다. 일본의 만주 침공(1931년), 이탈리아의 에티오피아 침공(1935년) 때도 국제 사회는 제대로 된 제재 대신 경제 제재나 외교 경고만 내밀었다. 미국은 제1차 세계 대전 참전에 대한 환멸로 깊은 고립주의에 빠져 유럽과 아시아에서 벌어지는 일에 손도 못 대고 있었다.

이런 분위기 속에서 독일, 이탈리아, 일본은 국제 사회가 강력한 대응을 하지 못하리라는 신호를 읽어냈고, 그만큼 군사적 자신감을 키워나갔다. 특히 영국은 제1차 세계 대전의 깊은 상처와 대공황의 여파 속에서 국내 사회가 불안정해지는 것을 우려했다. 무엇보다 공산주의 확산에 대한 공포는 영국 정책 결정에 결정적인 영향을 미쳤다. 영국은 소련을 견제하기 위해 독일과 이탈리아의 공세적 요구를 일정 부분 수용하는 것이 현실적이라고 판단했고, 이러한 유화 정책은 곧바로 침략국들의 대담성을 키우는 결과로 이어졌다. 결국 공산주의를 막기 위해 선택한 타협이 오히려 전쟁을 향한 길을 넓히고 만 것이다.

번개처럼 유럽을 삼킨 독일 

1939년부터 1941년까지 독일이 전쟁 초반에 빠르게 유럽 대부분을 휩쓴 모습은 전 세계를 충격에 빠뜨렸다. '전격전Blitzkrieg'이라고 불리는 이 '번개 전쟁'은 적을 빠르고 강력하게 무너뜨렸다. 게다가 독일군은 '기동전Bewegungskrieg'을 현대적으로 재해석해 한 단계 업그레이드했다. 기동전은 말 그대로 '움직이면서 싸우는 전쟁'으로, 군대가 멈추지 않고 신속하게 이동하며 적을 압도하는 전략이다.

독일군은 탱크인 '판처Panzer'와 기갑 보병, 포병 그리고 '루프트바페Luftwaffe'라고 불리는 독일 공군이 통합된 전투 체계에 따라 움직였다. 판처는 두꺼운 장갑과 강력한 포를 장착한 기갑 차량으로, 빠른 속도로 적의 진형을 돌파했다. 루프트바페는 지상군을 하늘에서 지원하며 적의 방어선을 무너뜨렸다. 이 모든 병과가 하나로 움직이며 전장을 지배한 것이 바로 독일의 기동 전술이었다.

독일군 전술의 핵심은 속도와 집중, 부대 간 유기적인 협력이었다. 탱크가 길을 뚫으면 보병이 뒤따라 들어가고, 포병은 화력을 지원하며, 전투기들은 적의 반격을 무력화시켰다. 전쟁터는 마치 정교한 기계처럼 돌아갔고, 적군은 독일군의 빠르고 정확한 움직임을 따라잡기 어려웠다.

독일의 기동 전술에 프랑스는 속절없이 무너졌다. 프랑스군은 느리고 수동적인 방어에 집착하며 마지노선만 믿고 아르덴숲을 완전히 간과하는 치명적 실수를 범했다. 독일과 같은 수의 탱크를 보유하고 있었지만, 프랑스의 탱크는 여기저기 흩어져 있었고 통신 문제로 신속한 대응이 불가능했다. 반면 독일군은 뛰어난 기동력과 집중 공격으로 프랑스군의 방어망을 무력화했다. 결국, 전쟁 발발 후 10개월도 채 지나지 않아 프랑스는 함락되고 말았다.

프랑스를 함락한 뒤, 독일은 본격적으로 영국을 공격하기 시작했다. 루프트바페는 '블리츠the Blitz'라 불리는 대규모 공습을 벌이며 영국 본토를 밤낮없이 폭격했다. 런던을 비롯한 주요 도시는 무자비한 폭격에 시달렸고, 시민들은 지하 벙커와 대피소에서 공습이 끝나기를 버텨야만 했다. 절체절명의 순간, 영국 공군은 독일 공군과 맞서 싸우며 나라를 지키기 위해 사력을 다했다. 독일의 승리가 코앞에 다가왔지만, 미국은 여전히 고립주의를 고수했다. 당시 영국의 총리였던 처칠은 미국의 참전을 간절히 요청했지만, '미국 우선America First' 운동을 벌이던 미국 국민 대부분은 유럽 전쟁에 대한 개입을 거부했다. 결국 영국은 외부 군사 지원 없이 홀로 독일군의 공격에 맞서며 외로운 싸움을 이어갔다.

일본은 왜 미국을 공격했나 

영국의 고독한 싸움은 태평양에서 새로운 국면을 맞이했다. 1941년 12월 7일, 일본군이 미국령 하와이의 진주만을 기습적으로 공습했다. 2,400명이 넘는 미국인이 목숨을 잃었고 태평양 함대에 막대한 피해가 발생했다. 이에 미국은 즉각 일본에 전쟁을 선포했다. 일본이 독일, 이탈리아와 맺은 삼국 동맹 때문에 미국은 유럽과 태평양 두 전선에서 모두 참전하게 되었고, 이는 제2차 세계 대전의 판도뿐만 아니라 세계사의 흐름을 근본적으로 바꾸는 계기가 되었다.

일본의 침략 야욕은 오래전부터 분명했다. 1931년 만주 사변을 일으켜 만주를 장악한 일본은 국제 사회의 경고에도 불구하고 군사 확장을 멈추지 않았다. 미국을 비롯한 서방 열강은 실질적 제재를 가하지 못했고, 미국은 고립주의를 고수했다. 1937년 중일전쟁이 발발했을 때도 미국의 입장은 크게 달라지지 않았다. 일본은 1940년 프랑스령 인도차이나반도 북부를 침공해 세력을 넓혔고, 독일과 이탈리아와 삼국 동맹을 맺으며 전선을 빠르게 확장했다. 미국은 일본의 인도차이나반도 침공과 필리핀 인근 진출에 경계심을 높이며 철수를 요구했지만, 일본은 협상을 거부하고 남진 정책을 강행했다. 일본은 '유럽은 독일이', '아시아는 일본이' 지배하는 시대가 올 것이라고 믿었다.

일본이 계속해서 팽창하자, 미국은 경제 제재와 무역 금지로 맞섰다. 특히 석유 수출이 끊기면서 일본은 큰 타격을 입었다. 군사 작전을 유지하는 데 석유는 필수 자원이었기에, 일본은 남쪽으로 눈을 돌릴 수밖에 없었다. 하지만 그 방향은 미국의 태평양 거점, 특히 필리핀과 충돌할 위험이 컸다. 일본은 미국이 움직이기에 앞서 기습 공격을 감행해 혼란을 일으키고, 미국의 반격 전에 동남아시아를 장악하기 위해 서둘렀다.

1941년 12월 7일 일본의 진주만 공습 직후 검은 연기에 뒤덮인 미국 애리조나 함선

일본이 진주만을 기습 공격한 선택은 치명적인 전략적 오판이었다. 미국을 전쟁에 완전히 끌어들였기 때문이다. 미국은 즉각 전력을 총동원해 태평양과 유럽 전선에서 일본과 독일에 맞섰다. 미국의 참전은 전쟁의 균형을 연합국 쪽으로 기울게 했다. 진주만 공습은 미국이 세계 무대의 주도적 강국으로 떠오르는 신호탄이자 국제 질서와 세계사의 방향을 바꾼 중요한 분기점이 되었다.

전세를 뒤집은 결정적 전투들

일본이 예상했던 것과 달리 미군은 빠르게 회복했고, 1942년 6월 미드웨이 해전에서 일본은 네 척의 항공 모함을 잃었다. 전세가 미국 쪽으로 기울기 시작했다. 이후 미군은 태평양과 필리핀의 섬들을 하나씩 점령하며 일본을 압박했다. 일본군은 필사적으로 저항했고, 과달카날(1942~1943), 이오지마(1945), 오키나와섬(1945) 등에서 벌어진 주요 전투에서 가미카제 특공대와 함께 치열한 싸움을 벌였다. 하지만 미국은 점차 태평양의 주도권을 잡으며 전쟁의 흐름을 완전히 바꿔놓았다.

진주만 공습으로 미국이 참전하면서 유럽 판도는 천천히 연합군 쪽으로 기울었다. 1943년 1월 열린 카사블랑카 회담에서 연합군 지도자들은 독일과 일본에 '무조건 항복'을 요구하며 전면적인 압박 전략을 확정했다.

전쟁의 핵심은 동부 전선이었다. 소련은 독일군의 주력과 직접 맞서며 전쟁 전체에서 가장 큰 희생을 감내했다. 특히 1942년부터 1943년까지 이어진 스탈린그라드 전투는 처음으로 소련이 독일군을 결정적으로 꺾은 전투였다. 이 승리는 독일의 진격을 완전히 멈춰 세우며 전세를 뒤집는 중대한 분기점이 되었다.

서방 연합군은 1944년 6월 6일 노르망디 상륙 작전, 이른바 'D-Day'를 통해 제2전선을 개설했다. 이는 독일을 서쪽에서 압박하며 전쟁의 종결을 앞당긴 중요한 작전이었다. 1944년 12월 벌지 전투는 독일군이 서부 전선에서 벌인 마지막 대규모 반격 시도로, 연합군에 큰 위협이었지만 결국 실패로 끝났다.

동부 전선에서 소련은 1944년 바그라티온 작전으로 대대적인 진격을 시작, 독일 점령지를 빠르게 탈환했다. 1945년 비스와-오데르 공세를 통해 소련군은 독일 본토 깊숙이 진입했고, 결국 베를린 전투로 이어지며 전쟁의 종착점을 맞이했다. 이 일련의 소련군 공세와 서방 연합군의 압박은 독일의 항복을 불가피하게 만들었으며, 4월 30일 히틀러는 자살했다. 이렇게 유럽 전쟁이 종결되었다.

한편, 태평양 전쟁에서는 1945년 8월 미국이 히로시마(8월 6일)와 나가사키(8월 9일)에 원자 폭탄을 투하하면서 일본의 항복을 앞

1945년 9월 2일 항복 문서에 서명하는 일본 외무대신 시게미쓰 마모루

당겼다. 원자 폭탄 투하 이후 일본의 항복이 임박한 가운데, 소련도 일본에 전쟁을 선포하며 만주 지역 등에서 대규모 군사 작전을 개시했다. 이로 인해 일본은 양쪽에서 군사적 압박을 받게 되었고, 결국 8월 15일 천황 히로히토가 항복을 선언하는 방송을 내보냈으며, 9월 2일 공식 항복 문서에 서명하면서 제2차 세계 대전이 종료되었다.

인간은 얼마나 잔인해질 수 있을까?

전쟁은 인간의 가장 깊은 야만성을 드러내는 무대이며,

그 안에서 우리는 스스로 무엇이 되어가는지를 마주하게 된다.

— 엘리 위젤, 홀로코스트 생존자이자 작가

전쟁의 참상과 악몽은 인류가 경험한 가장 깊은 재앙이었다. 홀로코스트는 그중에서도 최악의 악몽이다. 나치 독일은 유대인, 집시, 장애인 등 수백만 명을 조직적으로 학살하며 인간성을 완전히 말살했다. 유대인들은 끔찍한 인체 실험의 희생자가 되기도 했다. 일본군 또한 수천 명의 민간인과 전쟁 포로를 상대로 잔혹한 생체 실험을 자행했고, 수많은 여성을 위안부로 강제 동원해 참혹한 고통을 안겼다. 전쟁은 인간 내면의 마성이 어디까지 뻗을 수 있는지 시험하는 비극의 무대였다.

도시는 잿더미로 변했고, 무고한 민간인 수백만 명이 폭격과 전투 속에서 목숨을 잃었다. 남성들이 전장으로 나가자 여성들은 공장과 군수 산업 현장으로 향해야 했다. 아이들은 공포 속에서 자라며 정상적인 일상과 교육을 빼앗겼다. 전쟁은 사회와 경제 구조를 뒤흔들었고, 그 상처와 교훈은 오늘날까지 우리에게 무거운 경고로 남아 있다.

이 전쟁은 오랫동안 이어진 영국 중심의 세계 질서를 무너뜨렸고, 미국이 새로운 초강대국으로 부상하게 되었다. 동시에 소련이 급속히 세력을 키우며 미국과 냉전에 돌입했다. 한편, 전쟁 이후 강대국들의 식민지 통치력이 약화되면서 탈식민지화가 가속화되었다. 이로 인해 아시아와 아프리카를 중심으로 여러 신생 독립국들이 등장해 다극화된 국제 질서의 기틀이 마련되었다. 이러한 변화와 더불어, 전쟁이 남긴 폐허 위에 국제 연합UN이 설립되어 각국 간 평화와 협력을 모색하는 새로운 국제 체제가 구축되었다.

제2차 세계 대전은 우리가 지금 누리는 평화와 자유가 수많은 사람의 희생과 땀, 피 위에 세워졌다는 사실을 분명히 일깨워준다. 독재와 광기가 전 세계를 집어삼키려던 절체절명의 순간, 우리가 어떻게 맞서 싸웠는지 되새기고, 그 싸움이 지금의 세계를 만든 분기점이라는 걸 잊지 않는 것이 똑같은 어리석음과 폭력의 재발을 막을 수 있다. 이 전쟁의 상처가 너무 깊어 제3차 세계 대전에 대한 경고가 우리를 떠나지 않는다. 제2차 세계 대전의 교훈을 외면하면, 결국 미래도 외면하는 셈이다.

5장

현대

갈등과 대립에 휩싸인 이념의 시대

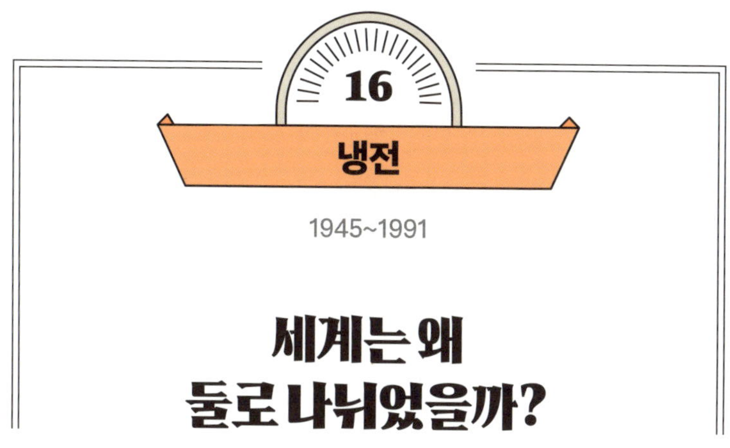

세계는 왜
둘로 나뉘었을까?

두 차례의 세계 대전이 휩쓸고 간 뒤, 폐허가 된 세계는 미국과 소련이라는 두 초강대국이 주도하는 전혀 다른 무대로 재편되었다. 총알과 포탄이 날아다니는 '뜨거운 전쟁' 대신 첩보와 이념, 대리전을 중심으로 한 '차가운 전쟁'이 지배하는 시대가 열렸다. 직접 총부리를 맞대지 않아도 두 강대국은 치열하게 맞섰고, 세계는 냉전Cold War이라는 명확한 양극 체제로 굳어졌다. 이 시기는 단순한 군사 대립을 넘어 국제 질서 자체를 새롭게 쓰기 시작한 순간이었다.

냉전은 1945년 제2차 세계 대전 종료 후부터 1991년 소련 붕괴까지 약 45년간 지속된 시대를 말한다. 미국을 중심으로 한 서구권 자본주의 진영과 소련을 중심으로 한 동구권 공산주의 진영 간의 정치적·이념적·경제적 대립이 핵심이었다. 냉전이라고 부르는 이유는 두 진영이 직접적인 군사 충돌은 피하면서도 간접적인 대립과 경쟁을 지속했기 때문이다.

이 거대한 이념 대립은 전 세계 모든 국가에 영향을 미쳤다. 많은 국가가 미국 또는 소련 진영 중 하나를 선택해야 한다는 압박을 받았고, 각국의 정치 체제와 경제 발전 방향이 이 선택에 따라 결정되었다. 한국, 독일, 베트남처럼 이념 차이로 인해 국가가 분단되거나 내전이 발생한 경우들도 생겨났다. 아프리카, 라틴아메리카, 아시아의 많은 분쟁이 냉전의 대리전 성격을 띠게 되면서 지역 갈등이 장기화되기도 했다. 반면 인도, 이집트, 유고슬라비아 등은 어느 한쪽 편에도 서지 않는 중립을 선택하며 자신들만의 길을 찾으려 했다.

냉전은 단순히 정부나 나라들 사이의 싸움에 그치지 않았다. 평범한 사람들의 일상 속까지 침투해 삶의 방식과 생각, 감정까지 바꿔놓았다. 그 긴장과 불안은 모두가 함께 짊어져야 했고, 좌우 진영 간 갈등에서 비롯된 냉전의 쓰라린 흔적은 지금도 우리의 일상에 녹아들어 있다.

미국 vs 소련
피할 수 없었던 충돌

두 차례의 세계 대전은 인류에게 잊을 수 없는 상처와 뼈아픈 교훈을 남겼다. 다시는 그런 참혹한 전쟁을 겪지 않겠다는 결의가 전 세계를 하나로 모았고, 평화와 존엄이 단순한 구호에 그치지 않도록 굳은 의지를 다졌다. 그 결실은 UN의 출범으로 이어졌다. 그러나 평화를 바라는 목소리와 달리, 세계는 곧 새로운 갈등의 소용돌이에 휘말리게 되었다.

그 중심에는 제2차 세계 대전 동안 연합국의 일원이었던 미국과 소련이 있었다. 전후 세계는 자본주의와 민주주의를 지키려는 미국과 공산주의를 확장하려는 소련의 대립으로 얼어붙었다. 1947년 공산주의 세력에 힘으로 대항하겠다는 트루먼 독트린이 냉전의 문을 열며, 미국은 민주주의 국가들을 권위주의의 위협에서 지키겠다는 결연한 의지를 밝혔다. 곧이어 마셜 플랜이 뒤를 이었다. 미국의 원조로 전쟁으로 피폐해진 서유럽을 살리고, 동시에 경제와 정치 양쪽에서 미국 편으로 묶으려는 야심 찬 계획이었다.

소련은 이러한 흐름을 서방이 사회주의 체제를 약화시키기 위해 의도적으로 압박하는 행동으로 받아들였다. 소련의 시각에서 서방의 모든 움직임은 자본주의 진영이 사회주의를 포위하고 고립시키려는 공격으로 보였다. 이에 대응해 소련은 코민포름을 조직해 동유럽 공산당들을 직접 통제하기 시작했고, 세계 공산주의 세력을 하나의 체계 아래 묶으려 했다. 소련은 국제 질서가 결국 자본주의와 공산주의라는 두 진영으로 갈라질 수밖에 없다고 확신했다. 이는 단순한 외교 갈등이 아니라, 두 체제가 서로 양립할 수 없는 이념적·정치적 전면 대결이라는 인식이었다.

냉전이 어떻게 시작되었고, 누가 더 책임이 큰지는 아직도 가장 큰 논쟁거리 중 하나다. 미국과 소련, 둘 중 누가 먼저 칼을 빼 들었는지, 누가 더 무거운 죄책감을 져야 하는지 쉽게 딱 잘라 말할 수 없다. 이 문제를 보는 시선은 크게 셋으로 나뉜다.

첫 번째는 현실주의자들의 시선이다. 그들은 '소련이 문제의 시작'이라고 말한다. 스탈린이 1946년, 자본주의와 맞서 싸워야 한다며 군사력으로 점령한 땅에 자신의 체제를 억지로 심으면서부터 냉전의 씨앗이 뿌려졌다고 본다. 미국은 그저 소련의 팽창주의에 맞서 방어막을 칠 수밖에 없었다는 주장이다.

두 번째는 수정주의자들의 시선이다. 그들은 '미국이 더 문제'라고 말한다. 미국이 자신의 경제적 이익과 패권을 유지하기 위해 세계 곳곳에서 힘을 과시했고, 그 과정에서 긴장이 더 커졌다는 것이다. 시장을 넓히려는 미국의 욕심과 패권에 대한 야망이 냉전의 불씨를 키웠다는 주장이다.

마지막으로는 후기 수정주의자들이 있다. 그들은 '양쪽 모두 책임'이 있다고 말한다. 냉전은 단순히 누가 먼저 시작했느냐의 문제가 아니라, 양쪽 모두가 자기 안보와 이익을 지키려다 벌어진 필연적 긴장이라고 보는 입장이다. 미국의 자유주의와 소련의 마르크스-레닌주의는 서로 너무 달라서, 결국 부딪칠 수밖에 없는 운명이었다고 말이다. 그 뿌리는 1917년 러시아 혁명 때부터 이미 자라고 있었고, 시간이 흐르며 서로의 세계관과 이해관계가 얽히면서 냉전이라는 긴 그림자가 드리워졌다는 것이다.

동북아 냉전의 시작, 한국 전쟁

발트해의 슈체친에서 아드리아해의 트리에스테에 이르기까지, 대륙을 가로지르는 철의 장막이 내려졌다.

1946년 3월, 영국의 윈스턴 처칠이 미국에서 행한 '철의 장막' 연설은 그 시절 유럽의 불안과 분열을 한마디로 담아냈다. 전쟁이 끝난 직후, 유럽은 자본주의와 사회주의 두 가지 이념이 서로 맞서면서 불안한 상황이었다. 미국과 소련은 직접 싸우지는 않았지만, 그 긴장감은 독일, 특히 베를린에 그대로 녹아들었다. 전쟁이 끝나자마자 미국, 소련, 영국, 프랑스는 독일을 네 조각으로 나눴고, 이 조각들은 곧 불안의 씨앗이 되어 싹트기 시작했다. 베를린

1948년 소련에 의해 봉쇄된 서베를린 지역에 물자를 공급 중인 연합군의 비행기

은 그 모든 갈등이 가장 선명하게 드러나는 '작은 세계'였다. 서방과 소련은 서로가 서로를 겨누며 팽팽한 긴장의 끈을 놓지 않았다.

1948년, 소련이 서베를린을 봉쇄하자 긴장이 급격히 고조되었다. 서베를린 사람들은 마치 외딴섬처럼 고립됐고, 미국과 서방은 하늘길을 열어 그 도시를 기적처럼 지켜냈다. 베를린 공수 작전은 냉전의 본격적인 신호탄이었다. 1949년에는 서독과 동독이 각각 독립 정부를 세우며, 유럽은 두 진영으로 완전히 나뉘었다. 베를린은 동서 분단의 가장 뚜렷한 상징으로 자리 잡았다. 만약 냉전이 무력 충돌로 번진다면, 그곳이 첫 무대가 될 것이라 모두가 예감했다.

그러나 냉전 시대에 발발한 '열전'은 뜻밖의 장소에서 시작되었다. 바로 한반도였다. 38선을 경계로 남과 북에 각각 정부가 들어서며 분단은 고착화되었다. 스탈린은 일찌감치 북한에 친소련 정권을 세웠고, 남한은 미군 군정 아래 놓였다. 그때까지만 해도 아무도 이 작은 땅에서 초강대국들의 대리전이 벌어질 거라 쉽게 상상하지 못했다.

상황을 급변시킨 건 중국의 공산화였다. 1949년 가을, 마오쩌둥이 장제스의 국민당을 몰아내고 중국을 장악하자 미국은 충격에 휩싸였다. 이 충격은 미국 사회에 '매카시즘'이라는 반공주의 광풍을 몰고 왔고, 트루먼 정부는 아시아에서 공산주의 확산을 막지 못했다는 비난을 받았다. 그 와중에 북한은 소련과 중국의 비호 아래 1950년 6월 25일, 남침을 감행했다. 냉전의 첫 뜨거운 전쟁이 베를린이 아니라 바로 이 한반도에서 시작된 것이다.

한국 전쟁은 단순한 내전이 아니었다. 냉전을 군사 충돌로 전환하며 세계 질서의 판도를 뒤흔든 사건이었다. 미국은 유엔군을 조직해 개입했고, 중국은 대규모 병력을 파견했으며, 소련은 배후에서 북한을 지원했다. 냉전의 전장은 유럽에서 동북아시아로 옮

겨갔고, 한반도는 가장 뜨겁고 치열한 전쟁터가 되었다.

한국 전쟁은 전 세계 냉전 질서의 변화를 가속화했다. 지역 분쟁이 글로벌 군사 긴장으로 비화했고, 각국은 군사력 강화와 동맹 확대에 나섰다. 이 전쟁은 냉전 국제 질서의 방향을 결정한 중대한 분기점이었다. 미국은 일본과 미일 안전 보장 조약을 체결하며 동북아에서 자국 주도의 양극 체제를 굳혔고, 한국, 대만, 필리핀과도 개별 방위 조약을 맺었으며, 유럽과는 또 다른 동맹 구조를 구축했다. 이 여파는 지금 이 순간에도 한반도와 세계정세에 깊게 영향을 미치고 있다.

핵전쟁 직전까지 갔던 순간들

한국 전쟁이 냉전이라는 무거운 저울추를 크게 흔들었음에도, 전쟁이 끝나자마자 세상의 시선은 다시 유럽으로 돌아갔다. 그 상징적인 순간이 바로 1961년, 소련과 동독이 세운 베를린 장벽이었다. 그 장벽은 단순한 콘크리트가 아니었다. 그것은 자유를 향해 달려가던 수많은 사람의 숨통을 옥죄는 차가운 벽이었고, 인간의 꿈과 희망을 무참히 짓밟는 냉혹한 현실이었다. 그 벽 앞에서 세계는 냉전의 긴장감이 얼마나 깊고 단단한 쇠사슬처럼 유럽 한가운데 드리워져 있는지를 뼈저리게 느꼈다.

그리고 1962년, 세상은 또 한 번 숨을 죽였다. 쿠바 미사일 위기라는 핵전쟁의 위험은 마치 칼날 끝에 서 있는 듯이 위태로웠다. 소련이 쿠바에 핵미사일을 배치하자 미국은 단호하게 맞섰고, 바다 위의 봉쇄 작전은 언제 터질지 모를 폭탄 같은 긴장감을 만들어냈다. 그 시절, 세계는 거의 핵 버튼을 누르기 직전에 있는 두 초강대국의 숨 막히는 줄다리기를 지켜봐야 했다. 이 위기는 냉전 초기의 불안정한 균형이 얼마나 쉽게 인류를 파멸로 내몰 수 있는지를 여실히 보여줬다.

1970년대에 들어서면서 '데탕트'라는 말이 국제 정치 무대에 등장했다. 이 단어는 긴장 완화와 대화의 시작을 뜻했다. 이 변화의 밑바탕에는 베트남 전쟁의 상처가 있었다. 참혹한 전쟁의 패배는 미국을 크게 흔들었고, 그들은 잠시 군사 개입 대신 대화와 협상의 길을 모색하기 시작했다. 그렇게 미·소는 핵무기 제한 협상 같은 조심스러운 대화의 문을 열었다.

한편, 중국과 소련은 한때 공산주의라는 공통된 이념 때문에 가까운 사이였지만, 1960년대 국경 분쟁으로 사이가 틀어졌다. 이 때문에 미국과 중국은 뜻밖의 동맹을 맺었고, 그 결과는 닉슨 대통령의 1972년 중국 방문으로 나타났다. 하지만 소련은 이런 변화를 제대로 이해하지 못했다. 소련은 중국과 미국이 가까워지는 것이 자신들에게 큰 위협이 된다고 생각하지 않았고, 대신 핵무기 경

1989년 11월 10일 독일 시민들이 브란덴부르크 문에 모여 베를린 장벽 붕괴를 기뻐하고 있다.

쟁과 서유럽 문제에만 집중했다. 이 잘못된 판단은 소련을 더욱 고립시켰고, 내부 경제 문제와 맞물려 점점 약해지고 결국 무너지는 계기가 되었다.

1979년, 소련이 아프가니스탄에 군대를 투입하면서 데탕트는 산산조각 났다. 그러나 1980년대 들어 소련은 전쟁 실패, 무리한 군비 경쟁, 경제 위기로 점점 무너졌고, 1985년 미하일 고르바초프가 등장해 '페레스트로이카(개혁)'와 '글라스노스트(개방)'라는 개혁의 깃발을 들었다. 이 개혁은 동유럽 사회주의 국가들의 연쇄 붕괴를 이끌었고, 1989년 11월 9일 베를린 장벽이 무너지는 장면은 냉전 시대의 마지막 장을 장엄하게 장식했다. 그로부터 1년 뒤, 독일은 다시 하나가 되었고, 1991년 12월 소련이 역사 속으로 사라지면서 냉전은 막을 내렸다.

신생국들은 왜 냉전의 희생양이 되었나

냉전은 자유와 억압, 진보와 정체, 인류의 미래를 가르는 투쟁이다.

1961년 존 F. 케네디 대통령은 취임 연설에서 냉전이 미국과 소련 간의 군사 대결을 넘어 전 세계 사람들의 삶과 사고방식, 문화에 깊은 영향을 미친 거대한 사건임을 강조했다. 이 시기에는 '우리 대 그들'이라는 이분법적 사고가 널리 퍼지며 상대방을 적대시하는 경향이 강해졌고, 이는 여러 지역에서 무력 충돌과 분쟁으로 이어졌다. 냉전이 공식적으로 종식된 이후에도 그 영향은 국제 관계와 국내 정치 전반에 여전히 남아 있다.

냉전은 단순히 미국과 소련이 무기를 겨누는 싸움이 아니었다. 이념과 권력이 뒤엉키면서, 전 세계 수많은 나라의 삶과 운명을 흔들었다. 특히 아프리카, 중남미, 아시아의 탈식민지 국가들은 독립의 기쁨도 잠시, 자유라는 이름 아래 또 다른 갈등과 전쟁으로 내몰렸다. 미국과 소련은 이들 신생국을 자기 진영으로 끌어들이려 혈안이었다. 한국 전쟁, 베트남 전쟁에서는 수많은 목숨이 대리전의 희생자가 되어 스러졌다. 이 전쟁들은 단지 내전이 아니라 냉전 권력 투쟁의 연장이었다.

알제리 독립 전쟁은 냉전의 복잡한 이해관계가 가장 선명하게 드러난 사례 중 하나다. 프랑스의 식민 지배 아래 억눌렸던 알제리인들은 정체성과 자유를 되찾기 위해 처절하게 싸웠다. 이 과정에서 소련과 동유럽 국가들이 적극적으로 개입했고, 미국과 서방 역시 저마다의 이해관계로 개입했다. 이처럼 얽히고설킨 국제적 힘겨루기가 알제리 내부의 갈등을 한층 심화시키며, 수많은 희생을 불러왔다.

레바논 역시 냉전 세력의 이해관계가 민족과 종교 갈등에 기름을 부은 대표적 사례이다. 이슬람과 기독교, 여러 민족이 얽힌 복잡한 사회 속에서 미국과 소련 그리고 지역 강대국들이 각자 이익을 위해 개입하며 15년간 지속된 내전을 부추겼다. 레바논 사람들은 이 끊임없는 분열과 폭력 속에서 평화를 잊은 채 살아야 했다.

중남미에서도 냉전의 그림자가 짙게 드리웠다. 쿠바 혁명은 미국과 소련이 대리전을 펼친 대표적 사건이었다. 카스트로의 사회주의 혁명은 소련의 지지를 받았고, 미국은 이를 경계하며 경제 봉쇄와 비밀 작전을 전개했다. 이 지역 곳곳에서 이념 갈등은 폭력과 정치 불안으로 이어졌고, 수많은 이들이 자신의 땅에서 평화를 잃었다.

이처럼 탈식민지 국가들은 전통과 현대, 내부 갈등과 외부 압력 사이에서 끊임없이 흔들렸다. 그 과정에서 정치적 불안과 사회적 균열이 심해졌고, 국민들의 일상은 냉전 이념이라는 보이지 않는 족쇄에 묶였다. 교육, 언론, 예술 등 사회 문화 전반에 스며든 냉전은 사람들의 사고와 감정을 지배했다.

냉전은 탈식민지와 제3세계 곳곳에 뿌리내린 복잡한 역사적 경험이다. 이들의 목소리가 배제된 냉전 서사는 본질적으로 불완전할 수밖에 없다. 냉전이 남긴 가장 큰 상처는 '나는 옳고 너는 틀렸다'는 단순한 이분법적 사고이다. 이 사고방식은 아직도 우리의 머릿속과 세상 곳곳에 자리하고 있다.

1968

꽃과 음악으로
반전을 외친 청년들

1968년, 전 세계를 뒤흔든 '68운동'은 1968년을 전후해 전 세계로 확산된 저항과 변화를 일컫는다. 학생 운동, 민권 운동, 반전 운동, 여성 해방 운동, 반문화 운동이 뒤섞인 이 시기는 민주주의와 평등, 개인의 자유를 근본적으로 묻는 시간이었다. 이들은 현대사의 뚜렷한 분기점을 만들었고, 이후 세대가 풀어야 할 숙제를 남겼다.

그 시작은 프랑스였다. 1968년 5월, 파리 거리는 학생과 노동자들의 함성으로 가득 찼다. 권위주의와 사회 불평등에 맞서 일어난 대규모 시위와 파업은 기존 질서를 흔드는 거대한 물결이었다.

"모든 권력은 우리를 억압한다. 우리는 자유를 원한다." 이 단순하지만 강렬한 외침은 거리마다 울려 퍼지며 그 시대의 뜨거운 열망을 고스란히 담았다.

그 불씨는 대서양을 넘어 미국으로 번졌다. 미국에서는 민권 운동과 베트남 전쟁 반대 운동이 겹쳐지며, 1968년이라는 해는 사회 변혁의 새로운 분수령이 되었다. 거리와 대학 그리고 광장 곳곳에서 젊은 세대가 기존의 틀을 깨뜨리고자 목소리를 높였다.

여성들은 가정과 직장 내 차별, 임금 격차, 재생산 권리 등 사회적·경제적 평등을 요구하며 목소리를 높였다. 동시에 성 소수자 권리 운동도 싹텄다. 이들은 단순한 권리 요구를 넘어 기존 사회 구조와 권력 관계를 뒤흔드는 강력한 힘으로 자리 잡았다.

유럽 전역에는 민주화의 불씨가 타올랐다. 특히 체코슬로바키아의 '프라하의 봄'은 표현의 자유와 경제 개혁을 외치며 소련의 억압에 맞섰다. 소련군에 의해 강제 진압되었지만, 냉전의 억압적 이데올로기에 대한 저항과 민주주의의 가치를 전 세계인에게 새로이 각인시켰다.

68운동은 단순한 저항을 넘어 문화의 큰 변화를 일으켰다. 히피와 록 음악은 보수적인 전통에 도전하며 자유로운 삶과 새로운 청년 문화를 만들었다. 예술과 문학, 영화에서는 실험과 새로운 시도가 활발해지면서 현대 문화의 다양성을 키웠다. 이런 변화들은 한철 지나면 끝나는 유행이 아니라 사회 전반의 가치관이 달라지고 있음을 보여준다.

이 모든 움직임은 국경을 넘어 세계적 연대로 뻗어나갔다. 프랑스, 미국, 체코슬로바키아, 멕시코, 일본 등에서 동시다발적으로 터져 나온 68운동은 제3세계 반제국주의 투쟁과 맞닿아 새로운 세계 시민 의식과 정의에 대한 공감대를 형성했다. 이렇게 68운동은 한 시대를 넘어 오늘날까지도 울림을 이어가고 있다.

전통과 권위에 맞서는 반문화의 탄생

제2차 세계 대전이 끝난 후, 유럽과 미국에서는 전례 없이 많은 젊은 인구가 빠르게 성장했다. 1960년대 중반까지 베이비 붐 세대라고 불리는 이 거대한 세대가 성인이 되면서, 새로운 청년 문화가 싹틀 수 있는 튼튼한 토양이 마련되었다. 프랑스에서는 1950년대부터 대학 입학자가 급증해 1960년대 중반까지 이전에 비해 세 배 가까이 늘었고, 미국 또한 베이비 붐 세대의 영향으로 대학 진학률이 크게 상승했다. 교육 기간이 길어지면서 젊은이들은 사회 불평등과 권위의 정당성 같은 깊이 있는 문제에 눈뜨기 시작했다.

게다가 냉전 시대의 긴장과 핵전쟁의 공포는 기존 권위와 세계 질서에 대한 불신을 키웠다. 미국 젊은이들 사이에서는 베트남 전쟁에 대한 비판이 점차 거세지면서, 반전과 평화를 외치는 목소리가 대학 캠퍼스와 거리 곳곳에 울려 퍼졌다. 또한 1964년 민권법이 통과된 후, 흑인 민권 운동은 단순한 권리 요구를 넘어 지식인과 청년들이 사회 정의를 향한 열망을 행동으로 옮기는 거대한 물결로 확산되었다. 이 시기 청년들은 기존 권위에 맞서 사회 구조 전반의 변화를 요구하는 이론과 실천을 다졌고, 그들의 목소리는 청년들의 치기 어린 반항이 아니라 새로운 시대를 위한 강렬한 선언이었다.

68운동의 심장부에는 청년들이 있었다. 이들은 단순한 정치적 저항을 넘어 새로운 청년 문화를 만들어냈다. 그 중심에 히피가 있었다. 1960년대 후반 미국을 무대로 한 히피 운동은 전통과 권위에 대한 반발이자 물질주의와 전쟁에 대한 강한 거부였다. 평화, 사랑, 자유를 행동으로 채운 그들은 자연과 조화를 이루며 공동체 속에서 살았고, 예술과 음악을 통해 자신들만의 세계를 빚어냈다. 긴 머리카락과 화려한 색감의 옷, 머리에 꽂은 꽃은 단순한 패션이 아닌 한 시대의 정신을 나타냈다. 1967년 샌프란시스코에서 열린 축제 '사랑의 여름'은 그 정신이 대중문화로 폭발한 순간이었다. 히피들은 다양한 사회적 색을 녹여내며 기존 계급과 경계를 허물었고, 그들의 카운터 컬처는 시대를 흔들었다.

1968년 전 세계를 뒤흔든 저항의 물결에는 텔레비전이 큰 역

1968년 4월 13일 암스테르담 시민들이 베트남 전쟁 반대를 외치며 거리를 행진하고 있다.

할을 했다. 위성 방송과 함께 등장한 이 매체는 한 나라에서 벌어진 격렬한 순간들을 그 나라 전체는 물론이고 전 세계에 실시간으로 전했다. 프랑스 거리 청년들의 외침부터 미국의 반전과 민권 운동의 함성까지, 국경을 넘어 퍼져나갔다. 각국의 저항은 서로 연결되었고, 자유와 정의를 향한 열망은 텔레비전 화면을 통해 전 인류의 꿈이자 싸움이 되었다.

브래지어를 벗어던진 여성들

> 여성들은 자신이 할 수 있는 일이 아니라,
> 해야만 한다고 느끼는 일에 갇혀 있다.

1963년, 베티 프리단은 《여성성의 신화》에서 이 말을 통해 여성들의 보이지 않는 감옥을 그려냈다. 사회가 정해준 틀 안에서 자신을 잃어버린 여성들, 진짜 원하는 삶 대신 '해야만 하는' 역할에 묶여버린 현실을 그는 날카롭게 파고들었다. 이 책은 여성들에게 깨달음이자 용기가 되었고, 여성 해방 운동의 불씨를 지폈다. '여성의 신비'라는 그 시대의 신화에 맞서, 프리단은 가사와 육아라는 이름 아래 숨겨진 여성들의 좌절과 고통을 세상 밖으로 끌어냈다. 그리고 여성들에게 외쳤다.

"더 이상 침묵하지 말고, 자신의 목소리를 되찾아라. 그 목소리가 곧 변화를 부를 것이다."

1960년대, 여성 해방 운동은 사회의 근본을 흔드는 거대한 혁명의 한 축으로 떠올랐다. 반문화 운동과 맞물려 젊은 세대는 기성 세대의 권위와 굳어진 성 역할에 당당히 도전장을 내밀었다. 그들은 성별에 얽매인 기대를 깨부수고, 정치부터 일상까지 완전히 뒤바꾸며 성평등의 문을 활짝 열었다.

1960년 미국 대선에서 여성 투표율이 사상 최고치를 찍으며 존 F. 케네디의 당선에 결정적인 힘을 보탰다. 여성 유권자들은 정치 무대에 자신들의 영향력을 확실히 드러내기 시작했다. 그때부터 여성들은 투표권과 법적 평등을 넘어, 성별이라는 억압의 구조를 뿌리째 흔드는 변화를 꿈꾸기 시작했다.

"개인적인 것은 정치적인 것이다"라는 이 구호는 운동의 심장이었다. 개인의 일상이 단순한 사적 문제가 아니라 사회 권력 구조와 맞닿아 있음을 드러냈다. 일상 속 차별이 개인의 고통이 아닌, 사회 전반에 깊게 굳어진 문제라는 깨달음은 여성들을 하나로 묶어 거대한 변혁을 일으키기 시작했다.

1968년 뉴저지에서 열린 미스 아메리카 대회 앞에서 벌어진 시위는 세상이 여성 해방 운동을 주목하게 만들었다. 젊은 여성 활동가들은 미스 아메리카 대회가 추구하는 전통적인 미의 기준과 여성상을 공개적으로 거부하며, 가발과 꽉 조이는 브래지어, 성형 수술 도구 같은 '억압의 상징'을 '자유 상자'에 던져버리는 퍼포먼스를 선보였다. 이 장면은 텔레비전을 타고 전 세계에 퍼져 여성 운동가들의 메시지를 거침없이 확산시켰다. 이 시위는 국제 무대까지 파고들며 여성들이 전통적 역할과 기대에 저항하고 권리와 자유를 요구하는 움직임을 각국으로 번지게 했다.

60년대 여성 해방 운동은 혁명적 변화를 촉발하며 오늘날 페미니즘 운동의 바탕이 되었다. 여성의 봉기와 저항은 단순한 반란이 아니었다. 개인의 경험을 정치적 힘으로 바꾸는 역사적 전환점이었고, 68운동의 한 축으로서 성과 권력에 관한 새로운 논의를 열며 사회와 문화를 깊숙이 흔들었다.

전 세계로 퍼져나간
저항의 외침

68운동의 물결이 전 세계를 같은 방향으로 흔들지는 못했다. 프랑스의 5월 혁명은 학생과 노동자들이 힘을 모아 권력에 정면으로 맞선 거대한 봉기였다. 치열한 저항에도 불구하고, 정부는 무자비한 강경 진압으로 시위를 무너뜨렸다. 그럼에도 불구하고, 이 저항은 여운을 남겼다. 사회 깊숙이 잠들어 있던 변화의 씨앗을 싹틔우며, 노동 환경 개선과 사회 개혁 요구가 분출했다. 그 결과, 문화와 정치 곳곳에 새바람이 불어닥치며 프랑스는 이전과는 전혀 다른 숨결을 내쉬기 시작했다.

체코슬로바키아의 프라하의 봄은 소련의 철권통치에 던진 강렬한 도전이었다. 하지만 군사력 앞에 무참히 무너졌고, 그 충격은 냉전의 냉혹한 현실을 뼈저리게 새겨 넣었다. 프라하의 봄은 유럽 전역에 저항의 상징으로 깊이 새겨졌다.

미국에서는 민권 운동, 반전 운동, 여성 해방 운동이 서로 맞물

체코슬로바키아 국기를 들고 불타는 소련 탱크 옆을 지나는 사람들.
1968년 8월 소련의 침공 당시, CIA가 촬영했다.

려 거대한 사회 변화를 이끌었다. 흑인들의 평등을 외치는 거리 행진과 베트남 전쟁에 반대하는 목소리, 여성들의 자신의 권리와 자유에 대한 요구가 거리로 쏟아져 나왔다. 이들이 부르짖는 '평등'과 '자유'의 외침은 각각의 개인이 겪은 차별과 고통 그리고 그로부터 피어난 용기와 희망의 이야기였다. 이 운동들은 단순한 요구를 넘어 미국 사회 전반에 깊은 균열과 변화를 남겼고, 권위와 전통에 도전하는 새로운 시대의 문을 열었다.

한편, 멕시코 10월 학생 시위는 권위주의 정부에 대한 분노가 극한으로 치닫던 순간이었다. 시위가 격화되자 정부는 점점 더 강경해졌고, 마침내 10월 2일 틀라텔롤코 광장에서는 무장 군인과 경찰이 수천 명의 평화 시위대를 향해 무차별 총격을 가하는 비극이 벌어졌다. 틀라텔롤코 학살은 멕시코 현대사에서 권위주의 정부가 국민에게 가한 최악의 폭력으로 기록되며, 그날의 기억은 여전히 생생하게 남아 있다.

아시아에서는 일본의 전공투(전학공투회의) 운동이 독특한 빛을 발했다. 이 운동은 서구 68운동의 영향을 받아 권위주의와 사회 불평등에 맞선 대학생들의 전국적 반정부 투쟁으로, 민주화와 평화, 교육 개혁을 요구했다. 격렬한 시위와 경찰의 강경 진압 속에서 운동은 분열됐지만, 학생들의 정치적 각성과 반체제 움직임의 상징으로 자리 잡았다.

서로 다른 땅과 언어, 방식으로 터져 나온 이 혁명의 함성은 결국 하나였다. 기존 질서에 대한 대담한 거부와 반권위주의적 주체성이라는 공통의 맥박으로 전 세계를 울렸다. 1968년 혁명은 즉각적인 정치 체제 변화에 그치지 않고, 정치 문화와 일상에 깊고 오래된 흔적을 남겼다. 그해의 시위와 저항은 단순한 반란이 아니라, 사회 변혁을 갈망하며 규범에 끊임없이 도전하는 지속적인 정신의 출발점이었다.

68운동이 우리에게 남긴 것

1968년 혁명은 완전한 혁명이 아닌 미완의 혁명이었다.

프랑스 철학자 장폴 사르트르는 이렇게 68운동을 평가했다. 그는 1968년의 운동을 단순한 봉기 이상의 혁명으로 보았지만, 동시에 그 변화가 상징적·문화적인 차원에 머물렀을 뿐 근본적인 권력 구조나 자본주의 체제 자체를 뒤흔들지는 못했다고 진단했다. 당시 운동은 기존 질서와 타협하거나 한계에 부딪히며, 진정한 혁명으로는 나아가지 못한 채 미완으로 남았다는 점을 꼬집은 것이다.

1968년 '혁명'은 전 세계 젊은 세대가 일으킨 대규모 저항이었다. 기존 질서를 과감히 거부하며 새로운 세상을 꿈꿨지만, 그 과정과 결과는 분명한 한계와 좌절을 드러냈다. '68년 체제'라는 이름 아래 펼쳐진 이 운동은 거대한 물결처럼 전 세계로 퍼졌지만, 즉각적인 정치적 변화를 이끌어내지는 못했다. 프랑스에서는 5월의 대규모 총파업이 절정에 달했음에도 드골 정부는 흔들리지 않았고, 6월 총선에서 국민 대다수가 독재자라고 평가받기도 했던 그를 여전히 지지했다. 체코슬로바키아의 민주화 시도는 소련의 무자비한 진압으로 좌절되었고, 이는 동유럽 공산주의 개혁의 실패를 상징하는 사건으로 남았다. 멕시코에서는 틀라텔롤코 학살이 언론에 의해 철저히 은폐되었다.

운동 내부에서는 이념과 전략을 둘러싼 갈등이 끊이지 않았다. 68운동이 주로 대학과 지식인 계층을 중심으로 한 '반란'에 가까웠다는 평가도 있다. 노동 계급 출신 청년들의 참여는 제한적이었으며, 일부 시위대의 극단적 행동과 폭력은 대중의 반감을 불러와 오히려 정부의 통제 강화라는 역효과를 낳았다. 일본의 전공투 운동은 이런 현상의 대표적인 사례로 꼽힌다.

그럼에도 68운동은 권위에 대한 반발을 넘어, 민주주의와 평등, 개인의 자유 그리고 국경을 넘는 연대라는 새로운 가치들을 당당히 세상에 내놓았다. 누군가는 이를 거대한 혁명이라 부르고, 또 누군가는 한때의 소란스러운 사건으로 치부할지 모르지만, 역사의 긴 시선으로 보면 그것은 저항의 시대를 가로지르는 거대한 파도였다. 그리고 그 파도 속에는 그 시절을 숨 쉬고, 땀 흘리고, 싸웠던 사람들의 뜨겁고 생생한 감정이 스며 있다. 연대의 힘과 좌절, 희망이 뒤섞여 만들어낸 이 움직임은 시민권과 성 평등 같은 오늘날 사회 담론의 씨앗이 되었고, 지금 우리가 누리는 자유와 권리의 기초가 되었다.

68운동은 과거의 유물이 아니다. 그것은 계속해서 우리 안에서 살아 움직이며, 성찰을 촉구하고 변화를 요구하는 현재 진행형의 이야기다. 그리고 지금도 우리에게 묵직한 질문을 던지는 살아 있는 목소리다.

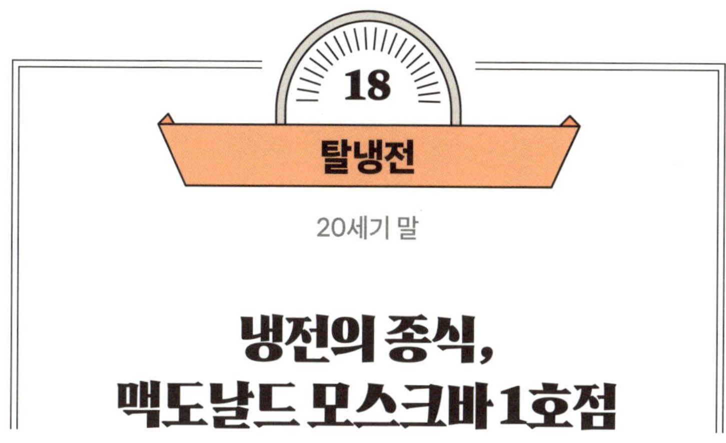

냉전의 종식,
맥도날드 모스크바 1호점

1989년 베를린 장벽이 무너지고 1991년 소련이 해체되면서 세계는 큰 변화를 맞이했다. 역사상 이렇게 갑작스럽고 충격적인 변화가 있었던 적이 있을까. 냉전이라는 거대한 틀이 순식간에 무너지고, 수십 년간 쌓인 긴장과 대립이 한꺼번에 사라진 이 사건은 세계 질서를 흔든 큰 충격이었다.

미국과 소련이라는 두 초강대국이 벌이던 냉전의 장막이 걷히자, 전 세계는 혼란과 불확실성 그리고 새로운 가능성 사이에서 빠르게 방향을 찾아야 했다. 이 충격은 한 시대의 끝이 아니라, 수십 년간 유지되던 세계 질서가 완전히 바뀌고 국가 간 힘의 균형이

다시 정해지는 큰 지진과 같았다.

> 역사는 이데올로기 투쟁과 제도적 경쟁의 마지막 단계로서
> 자유민주주의의 보편적 승리를 맞이할 것이다.

세계 공산주의가 무너지는 장면을 목격한 정치학자 프랜시스 후쿠야마는 소련이 이끈 마르크스주의의 붕괴를 미국 중심의 자유민주주의가 거둔 결정적인 승리로 보았다. 그는 냉전 이데올로기 대결에서 자유민주주의의 승리가 인류 정치 발전의 마지막 단계임을 확인시켰다고 확신했다. 이처럼 탈냉전 시대가 시작되자 세계는 자유민주주의가 이끄는 '신세계 질서'에 대한 기대와 희망으로 가득했다.

하지만 현실은 달랐다. 냉전이 끝났어도 평화와 번영은 쉽사리 찾아오지 않았다. 곳곳에선 변함없이 분열과 갈등이 터져 나왔다. 유고슬라비아가 무너지며 보스니아 전쟁이 터졌고, 그 속에서 자행된 끔찍한 인종 청소는 전 세계에 충격을 안겼다. 그보다 더 참혹한 비극은 1994년 아프리카 르완다에서 벌어졌다. 단 100일 만에 약 80만 명이 학살당하며 인간 잔혹성의 극한을 드러냈다. 민족과 종교, 뿌리 깊은 정체성 갈등이 끔찍한 내전으로 번졌지만, 국제 사회는 무력하게 그 참상을 지켜볼 수밖에 없었다.

이와 동시에 탈냉전 시대의 또 다른 큰 흐름은 세계화의 가속

화였다. 국제 무역과 투자, 상호 의존성이 급증하며 전 세계 경제가 모든 대륙에서 동시에 움직이고, 통신은 즉각적으로 이루어졌다. 자유 무역과 시장 개방을 내세우며 각국은 규제의 굴레를 벗어던지고 무한 경쟁에 뛰어들었다. 하지만 이 과정에서 부의 집중이 더욱 심해졌다. 부유층과 대기업은 전례 없는 이익을 챙긴 반면, 중산층과 저소득층은 점점 더 어려움에 빠졌다. 그 틈바구니에서 사회적 불만은 커져만 갔고, 민족주의와 보호 무역주의가 다시 고개를 들기 시작했다.

베를린 장벽 붕괴와 소련 해체는 냉전이 끝났다는 의미만 가진 것이 아니다. 이 사건들은 오늘날 우리가 겪고 있는 지정학적 경쟁, 경제적 불평등, 사회적 갈등, 환경 문제 같은 복합적 문제들이 시작한 시기였다. 탈냉전 시대를 되짚는 일은 오늘날 세계가 직면한 문제들의 본질을 꿰뚫어보고, 앞으로 나아갈 방향을 명확히 세우는 열쇠다.

서서히 무너진 공산주의의 벽

베를린 장벽이 무너지고, 소련이 해체된 그 드라마틱한 순간들. 어떻게 그토록 굳건해 보였던 세계사의 거대한 축

이 순식간에 무너질 수 있었을까. 그 장벽이 무너질 운명이었음을 예견한 사람은 드물었고, 70년 넘게 이어진 소련 공산주의의 거대한 물결이 한순간에 사라진 이유를 명확히 짚어내는 일은 더더욱 어렵다.

이 변화는 단순히 외부의 압력이나 단 한 번의 사건에 의해 일어난 게 아니었다. 오랜 시간 깊이 쌓여온 내부의 균열과 모순이 서서히, 그러나 거세게 시대의 흐름과 맞물려 폭발한 결과였다. 그 안에는 억눌린 갈망과 좌절, 변화를 향한 무언의 열망이 숨 쉬고 있었다. 결국 역사는 거대한 무게를 견디지 못하고 무너져 내렸고, 그 순간 세계는 완전히 새로운 국면을 맞이했다.

무엇보다도 경제는 무거운 쇠사슬처럼 소련 체제를 옥죄었다. 1980년대에 접어들면서 세계는 빠르게 개방과 자유화로 나아가는데, 소련과 그 영향권 아래 있던 동유럽 국가들은 여전히 과거에 머물렀다. 낡고 비효율적인 공장들, 식량과 소비재 부족은 일상이었고, 국민들의 불만은 깊어졌다. 그 불만은 곧 체제에 대한 신뢰를 무너뜨렸다.

정보가 흐르고 생각이 서로 닿으며 세계는 점차 가까워졌다. 동구권 사람들은 서구와의 경제 격차뿐만 아니라 체제 자체에 대한 근본적 의문을 품기 시작했다. 눈앞에 펼쳐진 서구의 풍요와 자유를 바라보며, 많은 이가 무거운 굴레에서 벗어나길 꿈꿨다.

한편, 민족주의는 메마른 들판을 삼키는 불길처럼 소련 전역을 휘감았다. 그 거대한 제국 안에는 러시아인과 함께 수십 가지 다른 민족이 얽혀 있었고, 누구도 자신의 정체성과 권리를 감추려 하지 않았다. 차가운 발트 3국의 바람 속에서부터 우크라이나의 광활한 평야, 조지아의 험준한 산맥 너머까지 분리주의의 파도가 거세게 몰아쳤다.

동유럽도 예외가 아니었다. 폴란드, 체코슬로바키아, 헝가리의 거리마다 사람들은 더 이상 소련의 그늘에 머무르길 거부하며 자신만의 목소리를 외쳤다. 한편, 유고슬라비아는 그 복잡한 민족 구성이란 실타래 속에서 끊임없이 갈등의 불씨가 타올라 결국 내전으로 번져갔다.

이 모든 것은 마치 깜깜한 밤이 물러나고 새벽이 밝아오는, 빛과 어둠이 공존하는 순간처럼 한쪽에서는 자유의 바람이, 다른 한쪽에서는 내전의 불길이 동시에 타오르던 격동의 시간이었다.

위기의 소용돌이 속에서 소련은 새로운 리더를 맞이했다. 고르바초프가 꺼내든 글라스노스트와 페레스트로이카는 단순한 개혁이 아닌, 운명을 건 도박 같은 개방 선언이었다. 표면적으로는 침체한 경제를 살리고 체제의 어둠을 걷어내려는 시도였지만, 이 두 정책에는 오래된 상처를 도려내는 칼날이 숨어 있었다. 고르바초프가 품었던 꿈은 체제를 새롭게 다지고, 더 단단히 묶어내는 것이었다. 하지만 그가 활시위를 당긴 순간, 거대한 제국의 땅은 흔들리기 시작했다. 그 불씨는 점점 번져, 마침내 소련이라는 거대한 제

고르바초프의 개혁 정책, 페레스트로이카를 기념하여 1988년에 발행한 우표

국을 무너뜨리는 결정적인 폭발로 변했다. 그의 개혁 뒤에는 예상치 못한 혼돈과 분열이 숨어 있었고, 결국 제국은 찢기고 흩어졌다.

사실 이 변화는 사람들이 매일 먹고 마시는 평범한 생활 속에서 조금씩 느껴지기 시작했다. 1981년 모스크바 근처에 골프장이 생기고, 1990년에는 미국 자본주의의 상징이라고 할 수 있는 맥도날드가 동베를린과 모스크바 거리에 들어섰다. 코카콜라의 달콤한 맛은 오랫동안 공산주의 아래 지친 사람들의 마음을 사로잡았다. 콜라 한 모금에는 자유와 풍요에 대한 희망이 담겨 있었다. 이런 변화가 일상에 스며들면서 사람들은 새로운 가능성의 문을 조심스럽게 열기 시작했다. 경제 혼란과 민족 갈등, 개혁의 강한 바람이 함께 불면서, 결국 무거운 공산주의의 벽은 서서히 무너질 수밖에 없었다.

소련의 해체,
그 이후

소련이 무너지고 냉전의 거대한 그림자가 사라졌을 때, 세계는 마치 긴 악몽에서 깨어나 평화로운 아침을 맞이할 거라 믿었다. 하지만 그 아침은 금세 어둠에 삼켜졌다. 국경을 넘는 전쟁 대신 이제는 한 국가 안에서, 사람들 사이에서 총성이 울렸다. 발칸반도의 산과 골짜기에서 퍼진 민족 간 증오는 끔찍한 비극으로 변했다. 보스니아 전쟁은 그 비극의 심장이었다. 한때 함께 살아가던 이웃들이 서로를 향해 칼을 들었고, 도시들은 무너지고 거리는 피로 물들었다. 인종 청소와 집단 학살이 벌어지며, 세계는 참혹함 앞에 무력함을 느꼈다.

소련이 붕괴한 순간, 거대한 제국과 함께 무너진 것은 정치 체제뿐만이 아니었다. 그 자리에 남겨진 것은 권력의 공백과 혼돈 그리고 무수한 갈등의 씨앗이었다. 동유럽과 중앙아시아 전역은 갑작스러운 변화 앞에서 균열이 생겼고, 그 균열은 러시아 지역의 체첸 공화국과 우크라이나 같은 지역에서 극명하게 드러났다.

체첸의 불길은 그 혼란이 결코 쉽게 사라지지 않음을 증명했다. 소련 해체 후, 체첸은 독립을 선언했지만 러시아는 이를 인정하지 않았다. 이로 인해 1990년대와 2000년대 초반에 걸쳐 두 차례의 체첸 전쟁이 벌어졌다. 이 전쟁은 한 지역의 자주권을 둘러

싼 싸움이자, 새로운 권력 질서 속 생존을 위한 처절한 투쟁이었
다. 도시들은 폐허가 되었고, 일반 시민들은 끝없는 폭력과 두려움
속에 갇혔다. 이 두 차례의 전쟁을 포함한 체첸 분쟁은 소련 붕괴
가 낳은 불안정성과 갈등이 얼마나 집요하고 오래 지속될 수 있는
지를 보여주는 잔혹한 현실이었다.

우크라이나도 독립을 맞았지만, 내부는 평화와는 거리가 멀었
다. 동부의 돈바스 지역, 러시아어를 쓰는 이들이 다수인 이곳은
친러시아 세력과 우크라이나 정부군 간의 갈등으로 점점 긴장감
이 높아졌다. 이 갈등은 소련 해체 이후 남은 냉전의 유령이 살아
움직이는 현장이었다. 동서 간의 이념과 영향력 다툼이 격화되면
서, 결국 2022년 러시아의 전면 침공이 발발했고, 이는 전쟁이라
는 참혹한 현실로 이어졌다. 우크라이나 전쟁은 과거가 결코 잊히
지 않고, 그 무게가 현재와 미래를 얼마나 무겁게 짓누르는지 뼈
저리게 보여준다.

한편, 탈냉전 시대에 아프리카 대륙의 상처는 세월을 가로질
러 깊게 패었다. 1994년 르완다에서는 단 100일 만에 수십만 명이
목숨을 잃은 대학살이 벌어졌다. 콩고에서는 무장 충돌과 자원 약
탈이 이어지며 사람 목숨이 무참히 짓밟혔다. 수단의 다르푸르 지
역에서는 폭력과 난민 사태가 끊임없이 반복되었고, 그 고통은 마
치 끝나지 않는 악몽처럼 사람들을 옥죄었다.

세계화라는 이름 아래 밀려오는 변화는 때로는 새로운 희망의

2022년 2월 24일 러시아는 우크라이나 수도 키이우에 미사일 공격을 감행했다.

빛이 되기도 했지만, 더 자주 칼날처럼 아프리카 사람들의 꿈과 희망을 베어내는 냉혹한 현실로 다가왔다. 글로벌 경제의 이익과 정치 권력의 욕망 사이에서 아프리카는 수많은 외부 세력의 이해관계에 휘말렸고, 그 과정에서 진정한 자립과 평화는 언제나 멀게만 느껴졌다.

중동의 긴장은 1990년 이라크가 쿠웨이트를 침공하며 시작된 걸프 전쟁으로 한순간에 폭발했다. 이라크의 독재자 사담 후세인은 냉전이 끝난 혼돈의 틈새에서 기회를 엿보며 자신의 야망을 키웠다. 쿠웨이트의 막대한 석유 자원을 손에 넣어 이라크를 아랍 세계의 패권국으로 만들겠다는 것이었다.

그 순간, 조지 H. W. 부시 대통령은 움직이지 않을 수 없었다. 그는 28개국으로 이루어진 연합군을 결집해 빠르고 단호한 반격을 시작했다. 불과 백 시간, 사흘 조금 넘는 시간 동안 이라크군은 무너졌고, 미국과 연합군은 압도적인 승리를 거뒀다. 후세인은 냉전 종식이 미국을 세계 무대에서 물러서게 할 거라 예상했다. 하지만 그의 도발은 오히려 미국이 여전히 국제 질서의 중심에서 움직이고 있음을 강렬하게 드러냈다.

시장이 모든 걸 해결해줄까?

  소련이라는 거대한 경쟁자가 사라지자 미국은 세상의 절대 강자로 우뚝 섰다. 하지만 그 승리의 순간, 미국의 시선이 머문 곳은 더 이상 먼 해외가 아니었다. 1992년, 걸프 전쟁의 영웅 부시를 꺾고 대통령 자리에 오른 빌 클린턴은 지친 국민들의 마음을 읽었다. 그는 끝없는 글로벌 경쟁에서 숨을 돌리고, 이제는 집안 단속에 집중하고자 했다. 외교는 잠시 뒤로 미루고, 클린턴은 거대한 전략 대신 무역과 시장을 믿었다. 그의 손끝에서 탄생한 북미자유무역협정NAFTA과 세계무역기구WTO는 세계를 더 가깝게 묶는 끈이 되었다.

  하지만 클린턴의 야심은 무역 확장에만 머무르지 않았다. 그는 냉전 시절의 군사 동맹인 북대서양조약기구NATO를 경제적 무기로 재탄생시키려 했다. 폴란드, 체코, 헝가리 같은 전 공산권 국가들이 NATO의 품에 안겼다. 냉전의 잔재를 지우고, 자본주의의 깃발을 꽂는 새로운 유럽 전략이었다.

  모든 변화는 '신자유주의'라는 견고한 신념 위에서 시작됐다. 개인의 기업가 정신을 찬미하며, 자유 시장이 세상의 모든 해답을 쥐고 있다는 믿음이 퍼져나갔다. 국가는 점점 뒤로 물러나 경제에 손을 떼고, 시장의 흐름에 몸을 맡겨야 한다는 목소리가 점점 더 커졌다. 자유 무역과 민영화, 규제 완화로 활짝 열린 시장은 자유라는 이름 아래 국경을 허물고 산업화와 세계화를 가속했다. 신자유주의가 마치 황금 열쇠인 양, 모두를 번영으로 이끌 거란 기대가 넘쳐났다.

하지만 그 기대는 금세 무너졌다. 시장이 모든 문제를 해결해줄 거란 믿음은 현실의 벽에 부딪혔다. 시장 규제 완화와 민영화는 사회 안전망을 약화시키며 취약 계층을 외롭게 만들었고, 자유 경쟁은 노동 시장의 불안과 고용 불안을 키웠다. 10년도 채 안 되어 상위 1%가 부를 독점하는 동안 중산층은 무너졌다. 이 불평등은 사람들의 일상에 스며들어 불안과 분노의 불길로 번져갔다. 신자유주의의 찬란한 약속은 어느새 사그라들었다.

> 자유민주주의는 경제적 불평등을 완전히 해소하지 못하며,
> 경제적 성공과 사회적 지위의 불균형은
> 인간 내면의 욕망과 갈등을 끊임없이 자극할 것이다.

후쿠야마가 자신의 책《역사의 종말》에서 한 이 말은 탈냉전 시대의 어두운 현실을 보여준다. 냉전이 끝나면서 자유민주주의 시대가 시작됐지만, 경제적 불평등은 사람들을 외롭게 만들고 좌절시켰다. '인정받고 싶은 욕구'는 짓밟히며 그렇게 쌓인 분노는 사회 불안으로 번졌다.

1990년대는 모두에게 평화와 번영을 약속하며 시작했지만, 그 약속은 결국 깨졌다. 경제 격차는 커지고, 국가는 흔들렸으며, 사회는 뭉치지 못했다. 불안정 속에 생긴 틈을 민족주의와 권위주의가 채웠고, 지금까지도 우리 곁에 남아 있다. 승리 뒤에 숨은 어두운 그림자, 그것이 1990년대 세계가 남긴 진짜 이야기다.

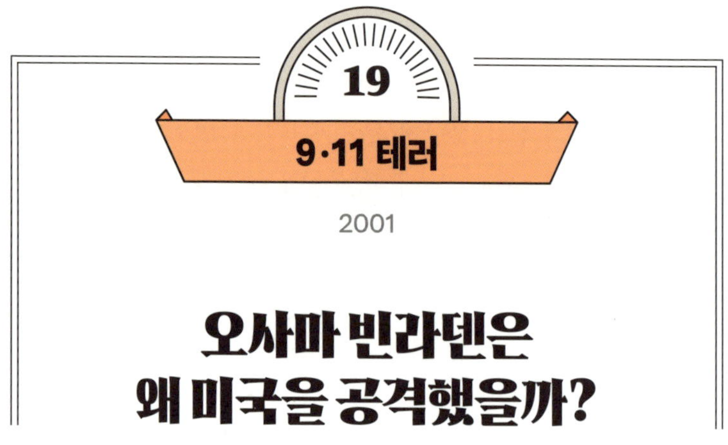

오사마 빈라덴은
왜 미국을 공격했을까?

2001년 9월 11일, 세계는 그날 아침의 충격을 영원히 잊을 수 없을 것이다. 이슬람 극단주의 테러리스트들이 납치한 민간 항공기 네 대가 미국 동부 하늘을 갈랐고, 그중 두 대는 뉴욕 맨해튼의 세계 무역 센터 쌍둥이 빌딩을 강타했다. 순식간에 110층 높이의 거대한 건물들은 무너져 내렸고, 그 참사는 약 3,000명의 무고한 생명을 앗아갔다. 동시에 세 번째 비행기는 워싱턴 D.C.에 위치한 미국 국방부 펜타곤에 충돌했고, 네 번째 비행기는 승객들의 용감한 저항으로 펜실베이니아주의 한 들판에 추락했다.

미국은 9·11 테러가 발생한 직후 단호히 '테러와의 전쟁'을

비행기 충돌로 불길에 휩싸인 세계 무역 센터 남쪽 건물

선포하고, 알카에다를 향한 강력한 군사 작전을 개시했다. 알카에다는 1980년대 후반 오사마 빈라덴이 설립한 광범위한 국제 테러 조직으로, 9·11 테러의 배후 세력이었다. 빈라덴과 그의 조직은 탈레반이 지배하는 아프가니스탄을 은신처 삼아 이슬람 이념을 내세우며 서구 사회와 미국을 적대시했고, 전 세계 곳곳에서 테러 행위를 벌여왔다.

조지 W. 부시 대통령은 탈레반 정권에 빈라덴을 넘기라고 요구했으나 탈레반이 거부하자 군사 행동에 돌입했다. 이로써 시작된 전쟁은 아프가니스탄을 넘어 세계 각지로 전염되었고, 2003년 미국은 이라크 전쟁을 감행하면서 냉전 이후 최대 규모의 군사 충돌에 깊숙이 뛰어들게 되었다.

부시 대통령은 전 세계에 "우리와 함께하든지, 아니면 테러리스트와 함께하든지"라는 냉혹한 선택을 강요했다. 이 이분법적 구도는 미국 내외에 깊은 갈등과 불신을 불러왔고, 사회를 양극단으로 갈라놓았다. 테러와의 전쟁이라는 명분 아래 미국은 광범위한 군사 작전과 강력한 감시 체계를 확대했으며, 이 과정에서 시민의 자유와 사생활이 심각하게 침해받았다. 국가 안보를 이유로 한 대규모 감시와 통제는 국민 사이에 불안과 의심을 증폭시키며, 사회 전반에 긴장과 분열을 심화시켰다.

냉전이 끝나고 미국이 세계를 주도하던 시기에, 9·11 테러는 국가 안보의 우선순위를 완전히 바꿔놓았다. 테러가 전 세계적인 위협으로 떠오르면서 미국과 동맹국들의 외교와 군사 전략뿐 아니라 국제 관계와 인권, 사회 문화에도 큰 변화를 가져왔다. 이 사건은 냉전 이후 느슨해보이던 국제질서를 테러와의 전쟁이라는 이름 아래, 안보를 명분으로 자유와 인권이 제한되는 시대로 급격히 전환시킨 분기점이었다.

이슬람과 서구,
쌓여온 갈등

　　9·11 테러는 단순한 무력 충돌을 넘어, 오랜 시간 쌓인 이슬람과 서구 간의 문화적·정치적 갈등이 폭발한 결과였다. 서구는 중동을 낯설고 위협적인 곳으로 인식했고, 중동 지역은 서구의 지속적인 개입과 경제적 탐욕에 대한 분노를 품었다.

　　알카에다는 중동 지역의 분노를 '성전'이라는 개념으로 포장하며 이슬람 극단주의자들을 결집시켰다. 이들은 자신의 극단적 견해를 내세우며, 서구권 국가들 중에서도 특히 미국에 대한 깊은 적대감을 키웠다. 여기서 말하는 '극단적 견해'는 이슬람의 평화와 관용이라는 본질을 외면한 채, 자신의 이념과 폭력을 정당화하기 위해 종교의 가르침을 본래와 다르게 해석하거나 왜곡한 것을 뜻한다. 이들은 편협하고 공격적인 해석으로 정치적·군사적 목표를 정당화하며, 반서구 정서를 기반으로 지지자들을 결속시켰다.

　　미국은 알카에다의 주요 타깃이었다. 알카에다는 미국의 세계적 영향력과 안보 전략에 큰 반감을 품고 있었다. 자본주의와 세계화를 이끄는 미국의 존재는 이슬람 원리주의자들에게 자신들의 가치관과 정체성을 근본적으로 위협하는 거대한 세력으로 비쳤다. 이념과 문명이 충돌하는 지점에서 알카에다는 미국을 자신들의 신념에 대한 도전이자 이슬람 세계를 흔드는 중심축으로 규정했다.

2017년 2월 백악관에서 열린 정상회담.
베냐민 네타냐후 이스라엘 총리(좌)와 도널드 트럼프 미국 대통령(우)이 악수하고 있다.

미국이 걸프 전쟁을 계기로 1990년대부터 중동 지역에 군사적으로 깊숙이 개입하자, 이슬람 급진주의자들은 미국을 '침략자'로 인식하는 목소리를 키웠다. 게다가 미국은 이스라엘에 대한 막대한 군사적·경제적 지원과 정치적 후원을 지속해 왔는데, 이로 인해 팔레스타인과 주변 아랍 국가들 사이에서 미국에 대한 반감이 크게 높아졌다. 특히 이스라엘의 정착촌 확장과 팔레스타인 인권 문제에 대해 미국이 일관되게 이스라엘 편을 들어왔다는 인식은 중동 내 반미 정서를 더욱 심화시켰다.

알카에다는 이러한 정치·군사적 상황을 자신들의 선전 수단으로 활용해 미국과 서구를 이슬람 세계에 대한 위협으로 규정하고, 이에 맞서 싸우는 것이 신성한 의무라는 주장을 내세웠다. 이처럼 오랜 세월에 걸쳐 형성된 복잡한 국제 정세와 역사적 상황이 얽히면서, 알카에다는 9·11 테러를 통해 미국에 강력한 메시지를 전달하고자 했던 것이다.

9·11 테러는 단순한 폭력 행위를 넘어선, 치밀하게 설계된 심리전이었다. 테러리스트들은 물리적 피해 그 이상을 노렸다. 공포를 퍼뜨려 미국 사회의 일상을 마비시키고, 정부가 감정적으로 과잉 대응하도록 유도하려는 전략이었다. '세상에서 악을 제거한다'는 명분으로 미국이 무력으로 맞서면 중동 전역에서 반미 감정은 더욱 격화되고, 알카에다는 자신들의 지지 기반을 확장하는 역효과를 기대할 수 있었다.

이처럼 9·11 테러는 알카에다의 왜곡된 이슬람 이념, 서구에 대한 깊은 적대감 그리고 미국이 지닌 자유와 국제적 영향력에 대한 도전이 한데 얽힌 복합적 산물이었다. 이 공격은 전 세계 안보 질서를 근본적으로 뒤흔들었고, 테러와의 전쟁이라는 새로운 국제 대응 체계를 만들어냈다. 9·11 테러는 현대 국제 관계와 문명 간 갈등의 복잡한 구조를 상징적으로 드러낸 사건이었다.

'테러와의 전쟁'이 전 세계에 미친 영향

9·11 테러는 우리 국민뿐 아니라 전 세계의 자유와 평화를 위협하는 행위입니다. 우리는 결코 이 공격에 굴복하지 않을 것이며, 정의가 반드시 실현될 것임을 약속합니다.

조지 W. 부시 대통령은 9·11 테러 직후 이 사건을 자유에 대한 공격이라고 규정하며, 테러와의 전쟁이라는 강력한 구호로 미국의 결연한 대응을 선언했다. 냉전의 그림자가 걷힌 뒤 10년 넘게 세계 무대에서 방향을 잃었던 미국은, 알카에다라는 새로운 적 앞에 다시금 새로운 결의를 다졌다. 부시는 이 극단주의를 파시즘, 나치즘, 전체주의와 견줄 정도로 악랄한 이념이라 선언하며, 이를 무너뜨리는 것이 미국의 사명이자 운명임을 천명했다.

이제 전쟁은 냉전 시절의 이념 대결에서 자유민주주의와 이슬람 극단주의 간의 전면전으로 탈바꿈했다. 부시가 던진 "우리와 함께하든지, 아니면 테러리스트와 함께하든지"라는 냉혹한 선택의 메시지는 동맹국과 비동맹국 모두를 강렬하게 흔들며, 국제 무대를 또다시 둘로 갈라놓았다.

이 정치적 선언은 곧바로 군사 행동으로 이어졌다. 오사마 빈 라덴이 숨어 있다는 아프가니스탄에 대한 신속한 군사 개입은 알카에다의 근거지를 파괴하고 탈레반 정권을 무너뜨리는 데 초점이 맞춰졌다. 그러나 부시는 아프가니스탄 침공에 멈추지 않았다. 부시 행정부는 대량 살상 무기 제거를 빌미로 2003년 이라크 침공을 감행했다. 전쟁의 불길은 중동 전역으로 확산되었다.

미국 내에서는 대테러 전선이 법과 제도 속으로 깊숙이 침투했다. 2001년 말 통과된 애국법은 정부에 전례 없는 감시 권한을 부여했다. 전화 통화, 이메일, 인터넷 활동까지 정부가 들여다보는 세상이 열렸고, 이는 미국인들의 자유와 사생활에 대한 뜨거운 논쟁을 촉발했다.

국토안보부의 신설은 미국 보안 체계에 혁명적 변화를 몰고 왔다. 재난 대응, 이민 관리, 테러 방지 기능이 하나로 통합되며 국가 차원의 대응력이 극대화됐고, 공항 보안 강화, 국경 감시, 사이버 방어 등 전방위적 조치가 쏟아졌다. 그렇게 미국은 '보안 강화

시대'를 맞이하며, 이전과는 전혀 다른 세상에 발을 내디뎠다.

시간이 지나면서 9·11 테러의 충격은 서서히 잊혀갔지만, 이라크 전쟁은 더 길고 복잡한 미로 속으로 빠져들었다. 부시 대통령이 처음 내걸었던 테러와의 전쟁이라는 단순 명료한 구호는 점차 힘을 잃었다. 미국 사회는 전쟁의 진정한 목적과 효과에 대해 의문을 품기 시작했고, 그 불신은 행정부에 대한 신뢰 하락과 대중의 냉소로 이어졌다.

더욱 심각한 문제는 '비상사태'라는 명목으로 추진된 보안 강화 조치들이 시민의 자유와 사생활을 무참히 침해했다는 점이다. 강화된 심문 기법과 무기한 구금 같은 조치들은 미국이 자랑하던 인권 가치를 크게 훼손했고, 이로 인해 부시 행정부의 도덕적 권위는 점점 무너져 내렸다.

미국의 이 같은 인권 무시는 전 세계에 악영향을 미쳤다. 권위주의 정권들은 테러와의 전쟁이라는 이름으로 대규모 인권 탄압을 정당화했다. 중국은 신장 웨이우얼 자치구에서 100만 명이 넘는 위구르족과 튀르크계 무슬림들을 강제 수용소에 가두고, 문화와 종교를 말살하는 동화 정책을 펼치며 심각한 인권 침해를 자행했다. 튀르키예의 대통령 에르도안과 이집트의 대통령 압둘팟타흐 시시도 수만 명을 구금하며 같은 길을 걸었다. 이스라엘은 가자 지구를 봉쇄하고 주기적으로 폭격하면서, 테러 위협과 안보를 이유로 삼아 군사 작전과 봉쇄 정책을 정당화했다. 이 명분을 바

탕으로 국제 사회의 비판과 법적 제재를 무력화하며, 가자 주민들
의 기본권 침해와 인도적 위기를 지속시켰다.

　　테러와의 전쟁은 21세기 미국이 국제 무대에서 마주한 고통
과 딜레마의 축소판이었다. 단기적으로는 미국 내 안전망을 강화
했지만, 그 대가는 국제 사회와의 갈등, 인권 논쟁 그리고 오랜 전
쟁에 따른 피로감으로 돌아왔다. 결국 이 부담은 2008년 대선에서
공화당의 몰락과 민주당 후보 버락 오바마의 집권으로 이어졌다.

정치적 도구가 된
무슬림 혐오

　　　　9·11 테러는 미국과 전 세계를 뒤흔든 충격파였
다. 테러와의 전쟁에 따른 '우리 대 그들'이라는 냉혹한 이분법은
사회 곳곳에 퍼져 무슬림을 감시하고 의심하는 정당한 이유처럼
여겨졌다. 이 분위기 속에서 우익 포퓰리스트들은 불안을 부추기
며, 무슬림과 이민자를 '타자'로 몰아가 대중의 분노를 정치적 무
기로 삼았다. 애국법, 국토안보부 신설, 국가 안보 출입국 등록 시
스템 같은 제도는 무슬림과 아랍계 미국인에 대한 선입견과 차별
을 강화했다. 이런 조치를 배경으로 차별과 증오 범죄가 폭발적으
로 늘어났다. 9·11 테러 이후 무슬림 대상 증오 범죄는 무려 다섯

배나 뛰었다.

이 충격은 대서양 건너 유럽에서도 극우 포퓰리즘 폭발의 기폭제가 되었다. 극우 포퓰리즘은 복잡한 사회 문제를 '순수한 민족 대 위험한 외부자'라는 단순한 대립 구도로 축소해 설명하는 정치 방식이다. 이미 EU 통합과 다문화주의에 반발하던 유럽의 극우 세력들은 9·11 테러 이후 이슬람 혐오를 '안보 위협'과 '민족 정체성 수호'의 명분으로 삼았다. 프랑스 국민전선, 오스트리아 자유당, 독일을 위한 대안AfD 같은 극우 세력은 '우리 대 그들' 구도를 정치 무기로 삼아 무슬림과 이민자를 사회의 적으로 규정했다. 특히 이슬람 극단주의 단체가 테러의 주체로 부각되면서, 무슬림 전제에 대한 부정적 이미지가 확산되었다. 영국의 인권 활동가 케이트 하딘은 9·11 테러 이후 유럽 내 무슬림에 대한 공포와 증오가 낳은 제도적 인종 차별을 다음과 같이 지적했다.

9·11 테러는 이슬람 혐오를 단순한 편견이 아닌 정치적 도구로 만들었다. 정부와 언론은 무슬림을 잠재적 범죄자로 낙인찍으며, 사회 전반에 깊은 불신과 분열을 낳았다.

공포와 혐오가 사회 곳곳에 뿌리내리면서, 유럽 사회 내부의 갈등과 분열은 극에 달했다. 특히 2015년 11월 13일, 파리의 밤은 악몽으로 뒤덮였다. 바타클랑 극장의 음악 소리는 총성과 폭발음으로 끊겼고, 평화롭던 카페와 레스토랑 거리는 피와 비명으로 얼룩졌다. 130명이 넘는 목숨이 무참히 끊긴 파리 테러 사건은 유럽 심장부에 깊은 상처를 남겼고, 사회 전반에 걸쳐 공포와 불신을 퍼뜨렸다.

미국 내에서는 이 사건을 계기로 무슬림과 이민자에 대한 경계심이 더욱 커졌고, 불안과 공포는 정치권의 주목을 받았다. 도널드 트럼프는 파리 테러의 공포를 자신의 선거 활동 전략에 적극적으로 활용하며, 불법 이민 척결과 반이슬람 정서를 앞세워 대중의 불안과 두려움을 자극했다. 그의 공격적 언사와 선정적인 미디어

2015년에 발생한 파리 테러 사건의 희생자들을 추모하는 사람들

보도는 혐오를 숨길 수 없는 일상으로 끌어올렸고, 그 정서는 미국 사회 곳곳으로 퍼져나갔다. 대통령 취임 직후 트럼프는 무슬림 입국 금지 행정 명령을 발동해서 반이민주의 분위기를 공식화했다. 혐오와 편견은 미국 사회 전반에 퍼진 불씨가 되어, 공동체의 신뢰와 연대를 무너뜨렸다.

결국 9·11 테러와 테러와의 전쟁은 무슬림 공동체에 대한 제도적 차별과 사회적 배제를 심화시켰고, 이미 존재하던 인종 차별과 반이민 정서와 뒤엉켜 미국을 깊은 정치적 분열 속으로 밀어 넣었다. 미국이 인종을 구분하지 않는 사회, 즉 '색맹 사회'라는 자부심과 이슬람 혐오가 단순한 예외적인 현상이라는 믿음은 완전히 무너졌다.

동시에 유럽에서는 극우 포퓰리즘이 급격히 확산되었다. 이들은 사회에서 발생하는 모든 문제의 원인으로 이민자와 무슬림을 지목하며, 국경 폐쇄와 강력한 통제를 해법으로 내세운다. 이처럼 9·11 테러는 21세기 세계 질서와 인권, 사회 정체성, 문화 전반에 깊은 균열과 변화를 몰고 온 중요한 분기점이었다.

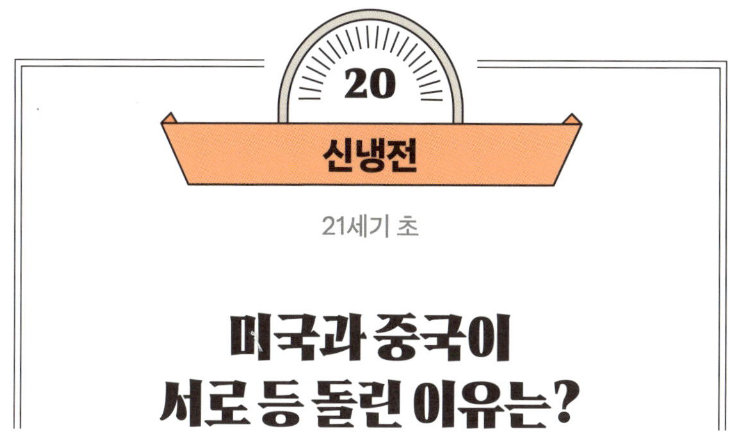

미국과 중국이 서로 등 돌린 이유는?

9·11 테러의 검은 연기가 뉴욕 하늘 위로 번지던 순간, 세계 최강을 자부하던 미국은 흔들리기 시작했다. 테러와의 전쟁이라는 이름 아래 이어진 길고 고통스러운 전쟁 속에서 미국의 심장에는 지울 수 없는 상처와 함께 거대한 불안이 새겨졌다. 게다가 2008년, 대공황 이후 최악의 금융 쓰나미가 미국을 강타하자, 세계 질서는 거대한 균열 속에 흔들렸다. 모두가 혼돈에 빠진 그때, 태평양 저편에서는 거인 하나가 조용하지만 무서운 기운으로 깨어나고 있었다. 바로 중국이었다.

테러와의 전쟁의 포성이 점차 잦아들면서 국제 사회의 시선은 자연스럽게 중국에 쏠렸다. 불과 한 세기 전, 청나라가 무너진 뒤 내란과 번민으로 점철된 중국 대지는 오랜 패배감에 짓눌려 있었다. 1949년, 마오쩌둥이 신중국을 세웠지만, 그 나라는 '가난한 거인'에 지나지 않았다.

마오쩌둥이 세상을 떠난 뒤, 덩샤오핑은 개혁 개방 정책이라는 과감한 실험으로 낡은 중국을 흔들어 깨웠다. 그의 손길 아래 중국은 서서히 새로운 길을 닦기 시작했고, 2001년 세계무역기구 가입의 문턱을 넘으며 경제는 폭발적인 속도로 성장했다. 미국은 처음에는 기대감에 부풀었다. 중국이 자유 시장 경제의 파도에 올라타면 굳건한 공산주의의 벽도 서서히 허물어질 것이라 기대했기 때문이다.

그러나 중국은 서구의 바람과는 달리, 시장 경제를 앞세우면서도 단단한 공산당 체제를 포기하지 않았다. 2012년 시진핑이 권좌에 오르자, 이전과는 또 다른 강철 통치가 펼쳐졌다. 언론은 숨을 죽이고, 인터넷에는 자물쇠가 굳게 걸렸으며, 반체제 인사는 무차별한 억압 아래 놓였다. 민족주의가 들불처럼 번지고, 국가 통합의 대의 아래 사회 전체가 촘촘히 통제되었다. 동시에 중국은 군사력 현대화와 남중국해 요충지 구축에 속도를 올리며 미국의 인도·태평양 전략에 정면 도전했다. 이제 중국은 '경제 대국'을 넘어, 정치와 군사에서까지 미국이 주도했던 국제 질서의 규칙에 당당히 맞서는 새로운 힘이 되었다.

이제 미·중 경쟁은 단순한 통상 분쟁을 넘어, 글로벌 시스템 자체의 향방을 가르는 거대한 주도권 싸움으로 진화했다. 이 '신냉전'은 과거 미·소의 이념·군사 대치에서 진화한, 경제력과 기술력 그리고 글로벌 규칙의 명운까지 두고 펼쳐지는 복합적 전쟁이다. 트럼프 1기 행정부의 관세 전쟁 이후, 두 나라의 충돌은 경제·기술·군사·외교 모든 영역에서 격렬히 확대됐다.

진정한 싸움은 누가 21세기의 '룰'을 다시 정의하고, 세계가 어떤 질서와 원칙 위에서 움직일지, 그 갈림길 위에 놓여 있다. 미국식 자유주의 국제 질서에 맞붙는 중국식 국가 주도·권위주의 체제의 도전. 그 거대한 드라마의 중심에서, 역사의 시계는 새로운 문명의 분기점을 응시하고 있다.

19세기부터 쌓여온 적대의 역사

미국과 중국의 관계는 외교적 충돌을 넘어선 인간의 희망과 환상, 열정과 상처가 교차하는 역사 드라마다. 서로를 향한 꿈은 때로는 세계의 문을 열어젖혔고, 또 다른 순간에는 씻을 수 없는 오해와 적의를 낳았다. 이 모든 서사의 첫 장은 13세기 마르코 폴로의 동방 기행에서 시작된다. 서구 세계는《동방견문록》

을 통해 중국을 황금이 흐르고 비밀이 가득한 신비한 낙원으로 그려냈다. 그 환상은 여러 세기에 걸쳐 이어져, 콜럼버스조차 1492년 중국과 아시아를 향한 항해를 시작했다.

미국 역시 동방을 향한 갈망과 환상을 계승했다. 서부 개척의 열기 뒤에는 중국으로 이어지는 땅에 대한 미지의 염원이 숨어 있었다. 1848년 캘리포니아의 금광 붐은 미국뿐 아니라 전 세계를 유혹했고, 수많은 중국인이 철도와 광산의 현장에 뛰어들었다. 그들은 새로운 시대의 숨겨진 영웅이었으나, 미국 땅에서 마주한 현실은 냉혹했다. 미국 내에서 중국인에 대한 차별과 멸시는 남달랐고, 차이나타운은 여러 차례 불타올랐다. 1882년에는 미국 역사상 최초로 특정 민족의 이민을 법으로 제한하는 중국인배척법이 제정되었다. 이 와중에도 복음 전파를 목표로 수많은 미국 선교사들이 중국을 누비며, 민주주의와 기독교의 빛으로 미래를 밝히려 했던 이상은 살아남았다.

그러나 1949년 마오쩌둥이 붉은 깃발로 중국 대륙을 뒤덮자, 모든 환상은 돌연 산산이 흩어졌다. 장제스는 국민 정부와 함께 대만으로 철수했고, 미국 선교사들도 잃어버린 낙원을 뒤로하고 대만·홍콩으로 떠났다. 다음 해, 한반도에서 전쟁이 터지고, 중공군이 압록강을 넘자 미국 내 반중 감정은 걷잡을 수 없이 증폭됐다.

그 긴장 속에서도 변화가 찾아왔다. 1970년대, 키신저 안보 보좌관의 비밀 외교와 닉슨 대통령의 과감한 결단은 '죽竹의 장막'

1880년대 반중 정서를 반영한 미국 세탁 세제 광고.

중국인 세탁업자를 몰아내는 장면을 통해 세제로 이민 노동을 대체하라는 메시지를 전한다.

너머로 손을 내밀었다. 베트남 전쟁의 악몽에서 벗어나고, 소련의 팽창을 견제하고자 한 미국은 1972년 중국과의 국교 정상화를 성사시켰다. 냉전 시대 미·중 관계의 새로운 장이 열렸다.

1976년 마오쩌둥이 세상을 떠난 후, 덩샤오핑이 주도한 개혁 개방 정책은 중국을 굶주림과 가난의 시대로부터 끌어내 새로운 도약의 발판이 되었다. 경제특구가 전국 곳곳에 들어서고, 미국 기업들이 앞다투어 중국에 진출하며 근대화의 물꼬를 텄다. 미국은 중국의 세계무역기구 가입을 적극적으로 지원했고, 2001년 그 문턱을 넘은 중국은 세계 경제에 깊이 뿌리내렸다. 미국은 이 변화를 낙관했다. 중국의 자유 무역 참여가 민주화와 상호 번영으로 이어질 것이라 믿었기 때문이다.

9·11 테러와 중동 전쟁의 충격으로 미국이 흔들리는 사이, 중국은 숨 돌릴 틈 없이 경제와 군사력을 키워갔다. 2008년 금융 위기가 미국의 취약함을 적나라하게 드러내 전 세계 자본주의를 뒤흔들었을 때, 중국은 거침없이 치고 올라가며 미국을 위협하는 강력한 세력으로 자리매김했다. 2012년, 시진핑이 권력을 잡고 사실상의 1인 독재 체제를 굳히며 경제뿐 아니라 군사력까지 본격 강화하자, 미국 내 불안감은 걷잡을 수 없이 커졌다. 그 불안은 곧 적개심으로 변했고, 여기에 코로나19 팬데믹이 중국에서 시작됐다는 믿음이 더해졌다. 미국 사회에는 19세기 말 '중국인 혐오'가 되살아난 듯한 어두운 그림자가 드리웠다.

패권을 둘러싼
정면충돌

미·중 신냉전은 21세기 세계의 중심축을 뒤흔드는 거대한 무대다. 두 강대국은 군사력과 경제력 그리고 기술과 이념의 모든 자산을 총동원해 새로운 질서의 주도권을 두고 숨 막히는 경주를 펼치고 있다. 이 충돌은 과거 미·소 냉전의 유산을 닮았지만, 그 양상은 훨씬 더 복잡하고 다차원적이다. 경제와 기술, 공급망, 안보가 복합적으로 얽혀 세계 곳곳에서 파장이 불어닥치고 있다.

역사는 강대국의 부상과 쇠퇴의 연속이다.
한 제국이 흔들릴 때, 또 다른 제국이 그 자리를 차지하려고 달려든다.

국제 분석가 조지 프리드먼의 경고처럼, 미·중 신냉전의 서막은 미국 패권의 흔들림과 중국의 폭발적 도약에서 비롯됐다. 이 새로운 변화는 미국 사회 곳곳에 불안과 분노를 퍼뜨렸다. 중국의 불공정 무역, 지적 재산권 침해, 통화 조작 논란이 불씨가 되었고, 사이버 스파이 행위는 양국 간 안보 갈등을 극한으로 몰아넣었다.

오바마 행정부의 '전략적 인내'는 중국과 정면충돌하기보다, 시간이 지나면 중국이 스스로 국제 규범을 따르고 팽창을 조절할 것이라는 기대 속에 상황을 지켜보는 전략이었다. 하지만 중국은 무역과 군사력에서 공격적으로 세력을 넓혀가며 미국의 기대를 정면으로 거부했다. 미국은 민주주의와 인권을 내세우고, 중국은 국가 주권과 독자적 발전 모델로 맞섰다. 양국의 첨예한 간극은 불신과 적대의 벽이 되었고, 국가 간 갈등은 일상화됐다. 이 팽팽한 긴장은 2017년 트럼프 1기 행정부 출범과 함께 새로운 국면에 돌입했다.

트럼프는 '미국 우선주의'라는 깃발 아래, 그간 유지되어 온 미묘한 균형을 산산조각 냈다. 관세, 경제 제재, 기술과 이념 전선 전반에 걸친 무차별적인 압박으로 중국을 정조준하며, '미국을 다시 위대하게'라는 구호를 사실상 '중국을 눌러 미국의 패권을 되찾겠다'는 선언으로 바꿔버렸다.

중국은 단순한 경쟁자가 아닌, 미국 패권에 대한 직접적 위협이라는 낙인이 찍혔다. 이 강경한 전략은 미국 사회 내부의 깊은 불신과 적대감을 고스란히 반영했고, 미·중 신냉전을 공식적으로 선포하는 순간이 되었다.

그러나 미국 우선주의는 미국이 그동안 구축해온 동맹 질서를 뿌리부터 흔들어 놓았다. NATO, 한미 동맹 같은 다자적 안보 체계는 오랫동안 미국이 가진 국제적 영향력의 핵심 기반이었지만, 트럼프 행정부의 일방적인 방위비 증액 요구와 자국 이익 우선 원칙은 동맹국들의 신뢰를 흔들고, 불신을 자아냈다.

트럼프 지지자가 '미국을 다시 위대하게' 슬로건이 적힌 피켓을 들고 있다.

특히 한국, 일본, 유럽 국가들 사이에서는 미국이 언제든 자기 이익을 위해 발을 뺄 수 있다는 불안이 커졌다. 외교 갈등을 넘어서, 군사적 협력과 안보 공조마저 흔들리게 된 것이다. 미국의 불안정한 태도는 동맹국들로 하여금 스스로 안보를 강화해야 한다는 절박함을 안겨주었고, 일부는 미국 의존도를 줄이고 다른 외교·경제적 파트너를 찾는 길로 접어들었다.

국제기구 탈퇴와 다자주의의 후퇴는 미국의 영향력을 구조적으로 약화시키는 또 다른 요인이 되었다. 트럼프 행정부는 WHO·유네스코 탈퇴, 파리 협정 이탈, WTO 기능 약화 등 일련의 조치를 통해 미국이 스스로 만들어온 국제 규범과 협력 체계에서 발을 빼기 시작했다. 그 결과, 미국은 글로벌 규칙을 설계하고 조정하던 자리에서 한 발 뒤로 물러났고, 그 빈 공간을 중국과 러시아 같은 경쟁국들이 재빠르게 채워나갔다.

결국 미·중 갈등의 향방과 국제 질서의 안정을 결정짓는 핵심은, 미국이 얼마나 동맹국과의 신뢰를 회복하고 공통의 이해를 토대로 협력 체계를 다시 단단히 세우느냐에 달려 있다. 이 전략 게임의 승패는 단순한 두 강대국의 힘겨루기가 아니다. 전 세계 평화와 번영의 미래를 가르는 중대한 분수령이며, 온 세계가 숨을 죽이고 지켜보는 무대가 되었다.

앞으로 우리는
어떤 선택을 해야 할까?

미국과 중국의 경쟁은 단순한 대결이 아닌,
미래 세계의 룰을 누가 쓸 것인가에 대한 근본적인 싸움이다.

케빈 러드 전 호주 총리가 말했듯이, 미·중 신냉전은 21세기 국제 질서의 향방을 결정짓는 중대한 분기점에 서 있다. 이미 드러난 갈등의 불길은 쉽게 꺼지지 않을 것이고, 두 나라의 관계는 단순한 승자와 패자로 나뉘지 않는다. 경쟁과 협력이 계속 뒤섞이면서, 미·중 관계는 더욱 복잡하고 섬세한 모습으로 변화해 갈 것이다.

소련의 붕괴로 막이 내린 듯 보였던 냉전은 결코 완전한 종언에 이르지 않았다. 러시아는 여전히 세계 질서를 흔드는 불안정한 잔향으로 남아 있다. 우크라이나 전쟁은 이를 가장 극명하게 드러낸다. 러시아는 미·중이 주도하는 신냉전의 틈새에서 확실한 입지를 확보하려 하며, 중국과는 전략적 동반자로 얽히는 동시에 미국·서방과는 첨예한 대립을 이어간다. 심지어 북한까지 이 틀 안으로 끌어들이면서, 새로운 냉전의 장막은 갈수록 복잡하게 얽혀 가고 있다.

특히 아시아·태평양은 여전히 세계 전략의 최전선이다. 남중국해는 미·중 충돌의 화약고로 남아 있다. 중국은 인공 섬과 군사 기지를 세워 영토적 야망을 드러내고, 미국은 '항행의 자유'를 명분으로 군사 활동을 강화하며 팽팽히 맞선다. 그 위태로운 균형 속에서 단 한 번의 오판이 치명적인 해상 충돌로 이어질 수 있다. 대만 해협 역시 마찬가지다. 중국의 통일 압박과 미국의 방위 개입이 교차하는 그 지도 위에는 언제든 불안정한 파괴의 불씨가 피어오를 위험이 도사린다.

미국은 한국, 일본, 호주와의 군사 협력을 다지고, 인도·태평양 전략을 통해 영향력의 그물을 더욱 촘촘히 엮어간다. 이에 맞서 중국은 러시아 및 일부 동남아 국가들과의 협력을 확대하고, 무

2025년 경주에서 열린 APEC 정상회의에 참석한 각국 정상들

기 공급을 강화하며, 미국 중심 질서에 균열을 내고자 한다. 이 지역은 더 이상 예측 가능한 패턴이 아닌, 강대국의 힘이 얽히고 충돌하는 혼돈의 무대가 되어가고 있다.

미·중 신냉전은 단순한 정치·군사 대립을 넘어서 세계 경제와 첨단 기술 혁신의 판세까지 뒤흔들고 있다. 반도체, 인공지능, 5G 같은 첨단 기술 경쟁은 이제 시장 싸움이 아니라 각국의 미래 성장 동력과 국가 안보를 결정짓는 중대한 쟁점으로 자리 잡았다. 미국과 중국은 AI 개발과 활용에서 맞붙으며, 기술 독립성과 공급망 다변화에 사활을 걸고 글로벌 기술·경제 질서의 '블록화'를 가속화하고 있다. 여기에 러시아와의 전략적 협력은 에너지와 기술이 융합된 새로운 경제 블록을 만들어내며, 미국 중심의 세계 질서에 또 다른 도전 축을 형성하고 있다.

결국 미·중 신냉전의 핵심은 단순한 두 강대국의 정면 승부가 아니다. 그것은 앞으로 세계가 어떤 원칙 위에 서고, 국가들이 어떤 방식으로 공존하거나 대립할 것인가라는 근본적인 질문으로 이어진다. 향후 국제 질서는 이제 미·중 경쟁이라는 불확실성 속에서 만들어질 것이다. 세계는 그 불안정의 바다 위에서, 새로운 균형과 협력의 길을 모색해야 하는 끝없는 여정에 들어서고 있다.

알렉산드로스 제국
p.20 알렉산드로스 대왕, 작자 미상, 기원전 100년경, ⓒ나폴리 국립 고고학 박물관
p.27 〈알렉산드리아 대도서관〉, O. Von Corven, 19세기

로마 제국
p.36 〈카이사르의 죽음〉, Vincenzo Camuccini, 1804~1805
p.41 아야 소피아 성당 모자이크, 작자 미상, 1,000년경, ⓒ아야 소피아 성당

중세 시대
p.54 제1차 십자군의 예루살렘 점령, 작자 미상, 14세기 또는 15세기
p.58 《돈키호테》 초판 표지, Barcelona:Librería Científico-Literaria Toledano López y Cª 발행, 1605

르네상스
p.66 지동설과 천동설, Andreas Cellarius가 출간한 《Harmonia Macrocosmica》에 수록된 삽화, 1660
p.69 피렌체 대성당, ⓒshutterstock 2320867357
p.72 〈피렌체를 비추는 신곡〉, Domenico di Michelino, 1465, ⓒ피렌체 대성당
p.76 〈최후의 만찬〉, Leonardo da Vinci, 1490, ⓒ산타 마리아 델레 그라치에 성당

대항해 시대
p.80 〈크리스토퍼 콜럼버스의 아메리카 첫 상륙〉, Dióscoro Puebla, 1862, ⓒ프라도 미술관
p.83 〈여왕 앞의 콜럼버스〉, Emanuel Leutze, 1843, ⓒ브루클린 박물관
p.89 대서양 노예 무역선 도면, Thomas Clarkson, 1822, ⓒ평화궁 도서관

종교 개혁
p.95 〈화폐 주조업자에게 묻다〉, Joerg Breu the Elder, 1500년경
p.97 〈보름스 의회의 루터〉, Anton von Werner, 1877, ⓒ베를린 국립회화관
p.101 구텐베르크 인쇄소의 풍경, 작자 미상, 19세기

계몽주의
p.108 《뉴턴 철학 원론》 초판 표지 삽화, 1738
p.114 〈조프랭 부인의 살롱에서〉, Anicet Charles Gabriel Lemonnier, 1812, ⓒChâteau de Malmaison et Bois-Préau
p.117 《백과전서》 1772년 판 머릿그림, Charles-Nicolas Cochin 그림, 1772

시민 혁명
p.125 〈보스턴차사건〉, William Cooper, 1799, ⓒ미국 의회 도서관
p.128 〈1789년 5월 5일 베르사유에서 열린 삼부회 개회식〉, Louis Charles Auguste Couder, 1839, ⓒ베르사유 궁전
p.131 〈마리 앙투아네트가 처형장으로 끌려가는 모습〉, William Hamilton, 1794, ⓒMusée de la Révolution française

근대 국가
p.143 〈뮌스터의 베스트팔렌 회의〉, Gerard ter Borch, 1648, ⓒ암스테르담 국립미술관
p.147 앙시앵 레짐 풍자 만평, 작자 미상, 1789, ⓒGallica Digital Library
p.151 〈생베르나르 고개의 나폴레옹〉, Jacques-Louis David, 1801, ⓒChateau de Malmaison

산업 혁명
p.161 미국 방적 공장에서 일하는 아동 노동자의 모습, Lewis Hine 촬영, 1908. 12. 3., ⓒ미국 의회 도서관
p.163 런던 Bryant & May 성냥 회사에 대한 파업 참가자들, 작자 미상, 1888

진화론
p.168 갈라파고스 제도의 푸른발얼가니새, ⓒshutterstock 2638943417
p.170 〈존경받는 오랑우탄〉, 《The Hornet》, 1871. 3. 22.
p.179 나치 인종 사무국의 월간지 〈새로운 민족〉 포스터, 1933, ⓒ독일 역사 박물관

신제국주의
p.185 독일의 나미비아 집단 학살, 1904. 08., ⓒ슈피겔
p.187 키플링의 시 〈백인의 짐〉 풍자 만평, Frederick Victor Gillam, 1899. 04. 01., ⓒThe Ohio State University
Billy Ireland Cartoon Library & Museum
p.193 러일 전쟁 풍자화, 《Le Petit Parisien》, 1904. 04. 03.

제1차 세계 대전
p.200 〈프란츠 페르디난트 대공 암살 사건〉, Achille Beltrame, 《La Domenica del Corriere》의 표지, 1914. 06. 12.
p.207 솜 전투 아일랜드 병사들의 모습, 작자 미상, 1916. 07. 01., ⓒ런던 제국 전쟁 박물관
p.210 파리 강화 회의의 빅4, Edward N. Jackson, 1919. 05. 27., ⓒ미 연방 정부

대공황
p.215 뉴욕 증권 거래소, ⓒshutterstock 2671256979
p.219 무료 도넛과 커피를 기다리는 사람들, 작자 미상, 1931. 02., ⓒNational Archives at College Park
p.223 사회보장법에 서명하는 루스벨트 대통령, 작자 미상, 1935. 08. 14., ⓒ미국 의회 도서관

제2차 세계 대전
p.228 삼국 동맹 선전 엽서 〈사이가 좋은 세 나라〉, 작자 미상, 1940
p.235 진주만 공습, 작자 미상, 1941. 12. 07., ⓒ미국 국립 문서 보관소
p.238 일본의 항복, Stephen E. Korpanty 촬영, Adam Cuerden 복원, 1945. 09. 02., ⓒ미 육군

냉전
p.250 베를린 공수 작전, Henry Ries 촬영, 1948, ⓒ미 공군
p.254 베를린 장벽 붕괴를 기뻐하는 사람들, Sue Ream 촬영, 1989. 11. 10.

68운동
p.262 암스테르담 반전 시위, Eric Koch 촬영, 1968. 04. 13., ⓒ네덜란드 국립 기록 보관소
p.266 프라하의 봄, CIA 촬영, 1968, ⓒCIA

탈냉전
p.276 페레스트로이카 기념 우표, USSR Post 발행, 1988
p.279 키이우 공습, ⓒshutterstock 2128738142

9·11 테러
p.285 비행기 충돌로 불타는 세계 무역 센터, Robert J. Fisch 촬영, 2001. 09. 11.
p.288 트럼프 대통령과 네타냐후 총리, 2017. 02. 15., ⓒ백악관
p.295 2015년 파리 테러를 추모하는 사람들, ⓒshutterstock 339166163

신냉전
p.301 'The Magic Washer' 광고 포스터, The George Dee Magic Washing Machine Company 발행, 1886
p.305 트럼프의 슬로건을 들고 있는 지지자, ⓒshutterstock 2434816525
p.308 2025 APEC 정상회담, 일본 내각관방 촬영, 2025. 11. 01., ⓒ일본 내각관방

이 정도만 알면 되는 세계사

초판 1쇄 발행 2026년 3월 25일
초판 4쇄 발행 2026년 4월 1일

지은이 김봉중
펴낸이 이경희

펴낸곳 빅피시
출판등록 2021년 4월 6일 제2021-000115호
주소 서울시 마포구 월드컵북로 402, KGIT 19층 1906호

ⓒ 김봉중, 2026
ISBN 979-11-24137-17-8 (03900)